James McNeill
Whistler (1834-1903)
Chefs-d'œuvre
de la Frick Collection,
New York

Paul Perrin
Xavier F. Salomon

James McNeill Whistler (1834-1903)
Chefs-d'œuvre
de la Frick Collection,
New York

Cet ouvrage a été publié à l'occasion
de l'exposition
« James McNeill Whistler (1834-1903),
chefs-d'œuvre de la Frick Collection,
New York »
Paris, musée d'Orsay, 7 février – 8 mai 2022

EPMO

ÉTABLISSEMENT PUBLIC
DU MUSÉE D'ORSAY
ET DU MUSÉE DE L'ORANGERIE
VALÉRY GISCARD D'ESTAING

Cette exposition est réalisée avec les prêts
exceptionnels de la Frick Collection.
THE FRICK COLLECTION

COMMISSAIRE
Paul Perrin
    Conservateur peinture
    au musée d'Orsay

ORGANISATION DE L'EXPOSITION
Christophe Leribault
    Président
Pierre-Emmanuel Lecerf
    Administrateur général
Virginie Donzeaud
    Administratrice générale adjointe
Sylvie Patry
    Directrice de la conservation
    et des collections
Jean Naudin
    Directeur adjoint des expositions
Maud Ramier
    Responsable d'expositions
Guillaume Blanc
    Directeur des publics
Luc Bouniol-Laffont
    Directeur de la programmation
    culturelle et des auditoriums
Hélène Charbonnier
    Directrice du numérique
Milan Dargent
    Directeur de l'accueil
    et de la surveillance
Amélie Hardivillier
    Directrice de la communication
Guillaume Roux
    Directeur du développement

SCÉNOGRAPHIE
Agathe Boucleinville
    Architecte du patrimoine,
    directrice de l'architecture,
    de la maintenance
    et de la sécurité des bâtiments
    de l'EPMO
Antoine Rouzeau
    Architecte DE, chef de projet
Charlotte Lakshmanan
    Graphiste, atelier graphique
    du musée d'Orsay
Bruno Dapaz
    Éclairagiste au musée d'Orsay

Je voudrais exprimer ici ma profonde gratitude envers Xavier F. Salomon Deputy Director et Peter Jay Sharp Chief Curator à la Frick Collection, pour avoir imaginé puis porté cette idée de prêt exceptionnel auprès du musée d'Orsay. Mes plus vifs remerciements pour m'avoir accompagné dans la conception et la mise en œuvre de ce projet avec beaucoup de générosité et de bienveillance.

Mes premiers remerciements vont également à Laurence des Cars, alors présidente de l'Établissement public des musées d'Orsay et de l'Orangerie et aujourd'hui du musée du Louvre, à Christophe Leribault, président de l'Établissement public des musées d'Orsay et de l'Orangerie, à Sylvie Patry, directrice de la conservation et des collections, à Hélène Flon, alors directrice des expositions au musée d'Orsay, et à Annie Dufour, alors directrice des éditions, pour la grande confiance qu'ils m'ont accordée tout au long de la préparation de cette exposition et de son catalogue.

Les équipes de la Frick Collection doivent ici trouver la marque de ma reconnaissance la plus sincère pour leur aide précieuse et leur grande disponibilité : je remercie en particulier Joe Coscia Jr., photographe, Allison Galaea, responsable des expositions, Baily Keiger, assistante du conservateur en chef, Rebecca Leonard, assistante de conservation, Michaelyn Mitchell, responsable des éditions, Cheryl Miller Mullally, chargée des expositions, Heidi Rosenau, directrice adjointe de la communication et du marketing, et Alison Peknay, sous-directrice de la communication et du marketing.

Que soient également très chaleureusement remerciés tous ceux qui, au musée d'Orsay, ont œuvré à la préparation, à la production, à la mise en espace et à la valorisation de ce projet : Saskia Bakhuys-Vernet, Stéphane Bayard, Stéphanie de Brabander, Tommaso Benelli, Claire Bernardi, Cécile Castagnola, Aurélie Cauchy, Renaud Cesson, Augustin Chaunu, Valérie Claus, Caroline Corbeau-Parsons, Sophie Crépy, Silvia Cristini, Muriel Desdoigts, Rodolphe Doucet, Élise Dubreuil, Didier Frémond, Mathilde Gilliot, Fiona Gomez, Laureen Grant, Marion Guillaud, Pascal Haffner et la brigade des sapeurs-pompiers, Sonia Hamza et Erwan Rivière et toutes les équipes de l'accueil et de la surveillance, Éric Jouvenaux, Gabrielle Lacombe, Jean-Claude Lalumière, Sandrine Lambert, Cyrille Lebrun, Ludovic Le Goff, Fanny Livet, Anat Meruk, Odile Michel, Isolde Pludermacher, Anne-Fleur Pouyat, Rémy Rappart, Scarlett Reliquet, Mélanie Rivault, Denis Rollé et les installateurs, Rachel Scrivo, Élodie Tamburini, Fabrice Troupenat, Catherine Tudoret.

Un grand merci enfin à Matthias Jullion, stagiaire, pour son aide précieuse lors de la préparation de cette exposition et de son catalogue.

Paul Perrin

AUTEURS
Paul Perrin
    Conservateur peinture, musée d'Orsay, Paris

Xavier F. Salomon
    Deputy Director
et Peter Jay Sharp Chief Curator,
    Frick Collection, New York

Parmi les musées les plus inoubliables au monde, tant pour leurs collections que leur atmosphère, figure la Frick Collection, ouverte au public en 1935 dans le *mansion* new-yorkais du magnat de l'industrie et grand collectionneur Henry Clay Frick (1849-1919). À la faveur de la fermeture de l'institution pour travaux d'agrandissement et de rénovation, la proposition a été faite au musée d'Orsay de profiter de cette occasion pour présenter exceptionnellement quelques-uns de ses chefs-d'œuvre à Paris et de les mettre en dialogue avec nos propres collections.

En hommage à cette générosité, quoi de plus juste que de célébrer un génie américain ? Le choix du musée d'Orsay s'est donc porté vers les chefs-d'œuvre de James McNeill Whistler (1834-1903) que conserve le musée new-yorkais. Comme le rappelle Xavier F. Salomon dans le présent ouvrage, Frick a acquis plus d'œuvres de Whistler – rare peintre américain de la collection – que de n'importe quel autre artiste, à savoir cinq peintures, trois pastels et douze eaux-fortes. Les deux hommes ne se sont cependant jamais rencontrés, et Whistler, de quinze ans l'aîné de Frick, avait déjà disparu à la date où l'amateur fit l'acquisition de ces œuvres dans les années 1910.

Cet ensemble comporte plusieurs tableaux majeurs de la carrière de l'artiste, particulièrement *Symphonie en couleur chair et rose : portrait de Mrs. Frances Leyland* (1871-1874), manifeste de l'« Aesthetic Movement » anglais, *Arrangement en brun et noir : portrait de Miss Rosa Corder* (1876-1878), portrait considéré du vivant de Whistler comme l'un de ses meilleurs, et *Arrangement en noir et or : comte Robert de Montesquiou-Fezensac* (1891-1892), véritable icône « fin-de-siècle ». Cette dernière toile est la plus tardive et la plus moderne de toute la collection de Frick. Amateur d'art ancien, le collectionneur avait cependant bien compris que Whistler avait été, en son temps, le dernier maillon d'une longue tradition, celle de Velázquez, Hals, Rembrandt ou Gainsborough. Toutes ces œuvres, excepté *Harmonie en rose et gris : portrait de Lady Meux*, trop fragile pour faire le voyage, seront présentées au musée d'Orsay.

Avec les États-Unis et le Royaume-Uni, la France est l'une des trois patries du peintre. Né en 1834 dans le Massachusetts, Whistler fait son apprentissage et ses débuts à Paris entre 1855 et 1859, et, après son installation à Londres, l'artiste garde un lien privilégié avec la scène artistique parisienne, exposant aux côtés des Refusés en 1863 et devenant dans les années 1890 l'un des « phares » de la nouvelle génération symboliste. Les collections nationales françaises peuvent s'enorgueillir d'avoir été parmi les deux premières, avec le musée de Glasgow, à avoir acheté une œuvre à l'artiste. L'acquisition en 1891

Préface

de l'*Arrangement en gris et noir n° 1 : portrait de la mère de l'artiste* (1871) pour le musée du Luxembourg – et à terme pour le musée du Louvre – fut un événement considérable pour la carrière de Whistler. Symboliquement, l'artiste faisait aussi le choix de Paris pour conserver le tableau qu'il considérait comme son chef-d'œuvre. Depuis cette date, les collections du musée d'Orsay se sont enrichies de deux autres peintures de l'artiste, *L'Homme à la pipe* (vers 1859) et *Variations en violet et vert* (1871).

La réunion de ces deux collections est exceptionnelle à plus d'un titre, puisque les œuvres de Whistler de la Frick Collection n'ont jamais été prêtées depuis leur entrée dans les collections de l'amateur américain au cours des années 1910. Elles n'ont pas été montrées en France (ni ailleurs hors des États-Unis) depuis la grande exposition rétrospective posthume organisée à l'École des beaux-arts en 1905, où étaient présentés *Symphonie en gris et vert : l'Océan* et *Arrangement en brun et noir : portrait de Miss Rosa Corder*, voire depuis les années 1890, pour le portrait de Montesquiou, exposé au Salon de la Société nationale des beaux-arts en 1894. Quant au portrait de Mrs. Leyland, il n'a jamais été présenté en France. Cette exposition permet de montrer aux visiteurs le meilleur de l'œuvre de Whistler dans toute son étendue chronologique, thématique et technique, et d'apporter un nouveau regard sur l'*Arrangement en gris et noir n° 1*, tableau bien connu mais parfois difficilement apprécié à sa juste valeur dans les salles du musée d'Orsay, où sa profonde originalité l'isole.

Alors que l'année 2022 est celle du centenaire de la mort de Marcel Proust (1871-1922), la présence de ces Whistler au musée d'Orsay, et singulièrement du portrait de Montesquiou, est aussi l'occasion de se rappeler l'importance décisive de la figure de l'artiste et de certains de ses modèles dans l'élaboration de *À la recherche du temps perdu* et la création de personnages comme le peintre Elstir et le baron de Charlus.

Cette exposition n'aurait pas vu le jour sans cette initiative inédite de la Frick Collection, dont les œuvres ne circulent pas d'ordinaire. Nos plus chaleureux remerciements s'adressent aux *trustees* de l'institution, à son directeur, Ian Wardropper, ainsi qu'à Xavier F. Salomon, directeur adjoint et conservateur en chef, qui porte ce projet depuis plusieurs années. Il convient de souligner aussi l'engagement enthousiaste de Paul Perrin, conservateur peinture au musée d'Orsay, commissaire de l'exposition, et, bien sûr, l'implication exemplaire de Laurence des Cars, ancienne présidente des musées d'Orsay et de l'Orangerie, à qui revient le mérite du projet.

Christophe Leribault
  Président des musées d'Orsay et de l'Orangerie

1   Salle des émaux au 1, 70ᵉ Rue Est, New York, 1927

2   Boudoir d'Adelaide Frick au 1, 70ᵉ Rue Est, New York, 1927

3   Bibliothèque au 1, 70ᵉ Rue Est, New York, 1927

Galerie des peintures (galerie ouest) au 1, 70ᵉ Rue Est, New York, 1927

5   Salon au 1, 70ᵉ Rue Est, New York avec l'œuvre de Giovanni Bellini, *Saint François dans le désert* (**FIG. 35**), 1927

6 Hall du 1er étage au 1, 70e Rue Est, New York, avec au-dessus de la cheminée *Symphonie en gris et vert : l'Océan* (**CAT. 43**), 1927

7   Escalier principal au 1, 70ᵉ Rue Est, New York, 1927

Bureau d'Henry Clay Frick au 1, 70ᵉ Rue Est, New York, avec accroché au mur le *Portrait de Miss Rosa Corder* (**CAT. 44**), 1927

9   Bureau d'Henry Clay Frick au 1, 70ᵉ Rue Est, New York avec le *Portrait de Lady Meux* (**CAT. 46**) et le *Portrait de Mrs. Frances Leyland* (**CAT. 45**), 1927

Anonyme, *Henry Clay Frick*, 1898

Nocturne.
Henry Clay Frick,
sa collection
et Whistler

« Tout portrait peint avec sentiment est un portrait de l'artiste, non du modèle. Le modèle n'est qu'un accident, un prétexte. Ce n'est pas lui que la peinture révèle ; c'est plutôt le peintre qui, sur la toile colorée, se révèle. »

Oscar Wilde, *Le Portrait de Dorian Gray*, 1890

Princes Gate, Londres

Deux maisons dans le quartier de Knightsbridge, à Londres, à quelques encablures l'une de l'autre : 13-14, Princes Gate et 49, Princes Gate. Par pure coïncidence, deux extraordinaires cycles picturaux – créés à distance d'un siècle par deux artistes très différents – ont été exposés dans cette même rue anglaise, sans jamais s'y trouver exactement au même moment. Deux cycles conçus dans deux capitales européennes – Londres et Paris – et qui, au début du XXᵉ siècle, se sont retrouvés tous deux aux États-Unis. L'un d'eux est la salle à manger du 49, Princes Gate, peinte par James McNeill Whistler (1834-1903), entre 1876 et 1877, pour le magnat du commerce maritime, Frederick Richards Leyland, son plus important mécène de l'époque. L'artiste a donné à cette pièce, avec ses décorations extravagantes dans des tons bleus, verts et or, le nom de *Harmonie en bleu et or : la chambre des paons*[1]. Il a peint chaque centimètre carré des murs, utilisant comme point de mire une toile placée au-dessus de la cheminée et intitulée *La Princesse du pays de la porcelaine* (**FIG. 69**). La Peacock Room [la chambre des paons] est l'œuvre la plus importante que Whistler ait réalisée pour Leyland, mais c'est aussi l'une des principales causes de la rupture entre les deux hommes, qui passeront les quinze années suivantes dans des querelles acrimonieuses. La Peacock Room est restée au 49, Princes Gate durant près de trente ans. À la mort de l'homme d'affaires, le 4 janvier 1892, la famille Leyland a envisagé de la vendre, mais ce n'est qu'en 1904, un an après la mort de Whistler, qu'elle l'a cédée au plus grand collectionneur d'œuvres de l'artiste, l'Américain Charles Lang Freer. Ce dernier a fait expédier l'ensemble de la pièce outre-Atlantique pour l'installer dans sa maison de Detroit, dans le Michigan.

Le 31 janvier 1898, le banquier américain John Pierpont Morgan, l'un des collectionneurs d'art les plus insatiables de tous les temps, achetait une autre « pièce » : une série de quatorze toiles du peintre français du XVIIIᵉ siècle Jean-Honoré Fragonard (1732-1806), *Les Progrès de l'amour dans le cœur des jeunes filles*[2]. Les tableaux avaient été créés en deux phases. Entre 1771 et 1772, quatre grandes toiles avaient été commandées pour orner le nouveau Pavillon de musique de Louveciennes, pour Madame du Barry, la dernière maîtresse du roi Louis XV, mais celle-ci ayant refusé les toiles, Fragonard les garda dans son atelier pendant vingt ans, jusqu'en 1790-1791, date à laquelle il les installa dans la maison de son cousin, Honoré Maubert, à Grasse, en complétant le cycle avec dix nouvelles toiles. Les héritiers Maubert vendirent l'ensemble cent ans plus tard. L'acheteur, Morgan, les conserva pendant environ sept ans, avant de les installer dans sa maison de Londres, au 13-14, Princes Gate, où elles furent exposées au début de 1905. La Peacock Room avait été expédiée en Amérique l'année précédente.

1 Pour l'aide qu'ils ou elles m'ont apportée dans l'écriture de cet essai, j'aimerais remercier Sally Brazil, Susan Chore, Samantha Deutch, Rebecca Leonard, Julie Ludwig, Michaelyn Mitchell, Aimee Ng, Paul Perrin, et, comme toujours, Michał Przygoda. Concernant la Peacock Room [la chambre des paons], voir Merrill 1998.

2 Sur *Les Progrès de l'amour* de Fragonard, voir Bailey 2011 et Hollinghurst et Salomon (à paraître).

Les deux pièces se sont donc manquées de peu à Londres, mais toutes deux ont fini aux États-Unis. En 1912, Morgan fait démonter la salle Fragonard et l'envoie à New York. Toutefois, il n'aura pas l'occasion de la voir *in situ*, car elle est encore entreposée lorsqu'il meurt subitement, à Rome, le 31 mars 1913. Deux ans plus tard, en février 1915, un autre collectionneur, l'industriel Henry Clay Frick (1849-1919), achète les quatorze toiles et les installe dans sa nouvelle maison à New York sur la 5ᵉ Avenue, entre la 70ᵉ et la 71ᵉ Rue. À la fin du mois de mai 1916, la salle Fragonard était exposée dans l'hôtel particulier de Frick. Les deux pièces trouveront finalement place dans des musées américains.

Charles Lang Freer et Henry Clay Frick étaient presque exactement contemporains (Frick était plus âgé de cinq ans), mais ils divergeaient dans leurs centres d'intérêt : l'art asiatique pour Freer, les vieux maîtres européens pour Frick. Ce qu'ils partageaient, cependant, c'était le souci de la postérité de leur héritage et le souhait de créer des institutions publiques après leur mort. Les deux hommes sont décédés à New York à un peu plus de deux mois d'intervalle : Freer le 25 septembre 1919 à l'hôtel Gotham (à l'angle de la 5ᵉ Avenue et de la 55ᵉ Rue), Frick le 2 décembre de la même année, dans sa maison située quinze rues plus au nord. Freer a fait don à la nation de son extraordinaire collection d'art asiatique et de ses peintures de Whistler, dont la Peacock Room (**FIG. 84**), qu'il a léguée à la Smithsonian Institution à Washington D.C., où elle a trouvé place dans la Freer Gallery of Art nouvellement créée (et ouverte au public en 1923). Dans son testament, Frick stipulait que sa maison et sa collection, y compris la salle Fragonard (**FIG. 11**), devaient devenir une institution publique « aux fins de créer et d'entretenir un musée d'art dans ladite maison et les locaux ci-dessus décrits, et d'encourager et développer l'étude des beaux-arts, et de faire progresser la connaissance générale des sujets connexes ; ce musée d'art sera créé à l'usage et au bénéfice de tous ». Le musée, qui allait s'appeler The Frick Collection, a été inauguré en 1935. Les institutions fondées par Freer et Frick sont aujourd'hui ouvertes au public, et elles ont en commun de présenter l'une et l'autre des œuvres de James McNeill Whistler. Frick n'en a pas acquis autant que Freer, mais, avec un total de vingt œuvres, Whistler est néanmoins l'artiste le mieux représenté dans sa collection, avec quatre portraits sur toile, un paysage peint, trois pastels et douze eaux-fortes[3]. Cela peut paraître étonnant pour un collectionneur de maîtres anciens, d'autant que Frick ne s'est intéressé à Whistler que dans les dernières années de sa vie, une dizaine d'années après la mort du peintre. À bien des égards, les œuvres de Whistler que Frick a rassemblées représentent le chapitre final de sa carrière de collectionneur.

3   Le fonds Whistler de la Frick Collection s'est enrichi au fil des années. Une lithographie réalisée par Whistler d'après son portrait du comte Robert de Montesquiou-Fezensac a été achetée en 1987, après l'achat en 1966 d'une lithographie semblable du même sujet, réalisée par la femme de l'artiste, Beatrice Godwin Whistler. Par ailleurs, un groupe de quarante-deux œuvres sur papier de Whistler, appartenant à Gertrude Kosovsky, a fait l'objet d'une promesse de don en 2019.

Henry Clay Frick

Henry Clay Frick figure parmi les plus grands collectionneurs
américains d'art entre la fin du XIXᵉ siècle et le début du XXᵉ siècle,
à côté de Morgan et de personnalités telles que Henry Gurdon
Marquand, Peter Widener, Isabella Stewart Gardner,
Benjamin Altman, John G. Johnson, Harry O. et Louisine
Havemeyer, Arabella Huntington et Andrew W. Mellon.
Toutes ces personnes ont réuni d'importantes collections qui ont
finalement profité à plusieurs grands musées – le Metropolitan
Museum of Art de New York, le Philadelphia Museum of Art
et la National Gallery of Art à Washington D.C. – ainsi
qu'aux institutions qu'elles ont elles-mêmes créées : le Isabella
Stewart Gardner Museum, à Boston, et la Huntington Library,
Art Museum and Botanical Gardens à San Marino, en Californie[4].

Les parents de Frick, John W. Frick et Elizabeth Overholt,
se sont mariés le 9 octobre 1847. Deuxième des six enfants
du couple, Henry Clay naît le 19 décembre 1849 à West Overton
(**FIG. 14**) dans le sud-ouest de la Pennsylvanie[5]. Les Frick étaient
originaires de Suisse ; Johann Nicholas Frick s'était installé
en Amérique, à Germantown, en 1767, et ses descendants
se sont établis dans le comté de Westmoreland et l'Ohio.
Les Overholt étaient en Amérique depuis 1732, date à laquelle
ils ont quitté la région rhénane du Palatinat, en Allemagne.
Mennonites, ils se sont d'abord établis dans le comté de Bucks,
en Pennsylvanie. Les arrière-grands-parents maternels
de Frick – Henry et Anna Overholt – se sont établis pour leur
part à West Overton, à 40 miles au sud-est de Pittsburgh,
et la famille a prospéré grâce aux distilleries de whisky gérées
par leur fils Abraham. Contrairement aux Frick, les Overholt
faisaient partie des familles les plus riches de cette partie
de la Pennsylvanie. Le jeune Henry Clay – connu dans
la famille et parmi ses amis proches sous le nom de « Clay » –
a grandi dans l'ombre de son riche grand-père. À l'adolescence,
il a travaillé dans le magasin de son oncle Christian, dormant
souvent sur le comptoir la nuit et étudiant la comptabilité.
Il a également été employé dans un magasin du centre-ville
de Pittsburgh, où il a commencé à lire Thomas Jefferson
et Walter Scott, ainsi que des biographies de Napoléon[6].
Il a ensuite été comptable dans la distillerie Overholt à Bradford,
où il gagnait 1 000 dollars par an. Dès son plus jeune âge,
il manifeste clairement un caractère déterminé et un goût
pour les belles choses. Selon son premier biographe, « très tôt,
il a commencé à exiger pour lui-même "le meilleur qui soit"
et il ne se satisfaisait de rien de moins. Dédaignant ouvertement
les vêtements de mauvaise qualité et mal ajustés que portaient
généralement les fils de fermiers, il déclara à l'âge de quinze
ans qu'il s'habillerait lui-même, et il tint parole malgré
la difficulté de gagner assez d'argent pour s'acheter "ce qu'il y
avait de mieux"[7] ». En été, on dit qu'il marchait pieds nus
pour préserver ses bonnes chaussures.

4   Pour une introduction
     générale et complète
     au phénomène
     des collections à cette
     époque aux États-Unis,
     voir Saltzman 2008.
5   Pour la biographie
     de Frick, voir Harvey
     1936 et Frick 1959.
6   Harvey 1936, p. 21.
7   *Ibid.*, p. 19.

12 Henry Clay Frick, vers 1880 **13** Henry Clay et Adelaide Frick, 1882 **14** Maison familiale de Henry Clay Frick à West Overton

Dans les années 1870, âgé d'une vingtaine d'années, Frick décide que son avenir n'est pas dans la distillerie familiale mais dans la production de coke, un dérivé du charbon qui jouait un rôle crucial dans la production de fer et d'acier. En 1871, il demande à un ami de la famille, le juge Thomas Mellon, de lui prêter 10 000 dollars pour construire cinquante fours à coke et créer sa société, Frick & Co. Il est vite connu pour son travail acharné et son intransigeance. Un jour, il raconte à sa fille – qui a enregistré la conversation – ce qu'était pour lui une journée ordinaire. Levé à six heures du matin, il se rendait d'abord à la mine, puis prenait un train pour Pittsburgh à sept heures. Arrivé à dix heures, il faisait le tour du marché de Pittsburgh, examinant toutes les possibilités de commandes, jusqu'à trois heures de l'après-midi où il retournait à Bradford et travaillait à la comptabilité jusqu'à l'heure du coucher[8]. Devant le succès que connaît son entreprise, il sollicite un second prêt, de 100 000 dollars cette fois, pour construire cinquante nouveaux fours. Dans un rapport rédigé par James B. Corey pour appuyer cette demande de prêt, on peut lire : « Terrains de qualité, fours bien construits ; directeur présent toute la journée, le soir il fait la comptabilité ; peut-être un peu trop enthousiaste pour les tableaux, mais pas assez pour que ce soit gênant ; connaît son affaire sur le bout des doigts ; je conseille d'accorder le prêt[9]. » Les « tableaux » que Frick achetait entre Bradford et Pittsburgh étaient peut-être de simples estampes destinées à décorer son bureau. En 1879, âgé de trente ans, Frick possède huit cents hectares de terrain, compte mille employés et produit cent wagons de coke par jour, soit environ quatre-vingts pour cent du volume utilisé par les entreprises sidérurgiques de l'époque[10]. Il a déjà gagné son premier million de dollars (**FIG. 12**).

On sait peu de choses sur sa vie privée. Il semble qu'il se concentrait avant tout sur son entreprise. En 1880, il se rend en Europe pour la première fois, avec son meilleur ami, le fils du juge Mellon, Andrew W., de six ans son cadet, et deux autres amis. Au cours de ce Grand Tour européen, ils visitent l'Irlande, le Royaume-Uni, la France, la Suisse et l'Italie. Frick est apparemment très impressionné par la Wallace Collection, à Londres. De retour en Pennsylvanie, il fait la connaissance d'Adelaide « Ada » Howard Childs, fille d'un riche fabricant de chaussures et de bottes, qui lui a probablement été présentée par Mellon, et il va rapidement lui faire la cour. Au printemps 1881, Clay lui écrit des notes telles que : « Mademoiselle Ada, Je vous remercie beaucoup pour la belle carte de Pâques que j'ai reçue de vous samedi. J'apprécie beaucoup. Voulez-vous m'accompagner pour voir Emma Abbott dans *Fra Diavolo* à l'Opéra ce vendredi soir 22 ? Dans l'espoir d'une réponse favorable, sincèrement vôtre H.C. Frick. » Ils se marient le 15 décembre de la même année (**FIG. 13**) ; Andrew W. Mellon est témoin de Frick. Les jeunes mariés passent leur lune de miel à Boston

8   Frick 1959, p. 11.
9   Harvey 1936, p. 42.
10   Frick 1959, p. 13.

et à New York. Cette année-là, nous savons que Frick achète un tableau américain contemporain, exécuté un an plus tôt seulement : *Paysage de rivière* de George Hetzel (**FIG. 19**), le genre de peinture avec lequel les riches citoyens de Pittsburgh décoraient leurs intérieurs à l'époque. La même année, il achète également sa première œuvre d'un artiste étranger : *Une révélation*, de Luis Jiménez Aranda (**FIG. 18**). Ce tableau humoristique, dont la scène se situe dans les galeries du Louvre, représente une femme âgée qui éloigne une plus jeune d'une sculpture de nu masculin. Les Frick s'installent dans le quartier en vue de Point Breeze, à Pittsburgh, et acquièrent, en 1882, une grande maison – appelée Clayton – qu'ils réaménagent. Au cours des neuf années suivantes, le couple a quatre enfants : Childs (1883-1965), Martha Howard (1885-1891), Helen Clay (1888-1984) et Henry Clay Jr. (1892-1892). L'extension de la famille oblige à agrandir et à réaménager la maison ; l'opération est menée en 1891 par l'architecte Frederick J. Osterling, dans le style américain à la mode inspiré des châteaux de la vallée de la Loire (**FIG. 15**)[11].

Lors de son voyage de noces à New York, Frick rencontre Andrew Carnegie et s'associe avec lui en mai 1882. Dix ans plus tard, les deux hommes fusionnent officiellement leurs entreprises, et Frick devient président de la Carnegie Steel Co. Ltd. La collaboration entre les magnats du coke et de l'acier s'avère toutefois difficile[12]. Au début des années 1890, leur relation s'effiloche, car Frick est confronté à des crises dans sa vie professionnelle comme dans sa vie privée. Des ouvriers de l'usine Homestead de Carnegie Steel, sur la rivière Monongahela à Pittsburgh, entament une grève au début juillet 1892, avec le soutien de l'Amalgamated Association of Iron and Steel Workers. Carnegie étant en vacances en Écosse, c'est à Frick qu'il revient de résoudre le conflit entre l'entreprise et les syndicats. Le 6 juillet, Frick engage des détectives privés armés de l'agence Pinkerton pour tenter de rouvrir l'usine avec des travailleurs non syndiqués. La confrontation entre les grévistes et les agents de Pinkerton dure une journée entière et se transforme en une bataille sanglante qui fait dix morts et environ soixante-dix blessés. Le gouverneur de Pennsylvanie doit envoyer la milice de l'État pour réprimer l'affrontement, et Frick devient connu dans tous les États-Unis comme l'ennemi des syndicats. Carnegie, absent du pays, n'est guère blâmé pour ces événements catastrophiques. Quelques semaines plus tard, le 23 juillet vers 14 heures, l'anarchiste Alexander Berkman, qui n'a aucun lien avec la grève de Homestead, entre dans le bureau de Frick à Pittsburgh, lui tire dessus à deux reprises et lui assène plusieurs coups de poignard. John George Alexander Leishman, vice-président de la Carnegie Steel – qui se trouve alors dans le bureau avec Frick –, tente de maîtriser Berkman. Frick, bien que blessé, parvient à plaquer son agresseur au sol, et un charpentier de la compagnie frappe l'anarchiste à la tête avec un marteau. Le même jour, Frick envoie un câble à Carnegie :

11   Concernant la maison à Pittsburgh et ses collections, voir Hall *et al.* 2016.
12   Sur la relation entre Frick et Carnegie, voir Standiford 2005.

15   Clayton, maison d'Henry Clay et Adelaide Frick à Pittsburg, après 1892   **16**   Entrée de Clayton, 1901   **17**   Salon de Clayton, 1901

Luis Jiménez Aranda, *Une révélation*, 1881, huile sur toile, 59,4 × 42,5 cm, Pittsburgh, Frick Art & Historical Center

« Touché deux fois par balle, mais pas dangereusement. Il n'est pas nécessaire que vous rentriez. Je suis encore en forme pour mener la bataille[13]. » Une semaine plus tard, il est de retour au travail. Berkman sera condamné à vingt-deux ans de prison. Un an plus tôt seulement, en juillet 1891, la famille Frick avait été dévastée par la mort du deuxième enfant, Martha, âgée de six ans, et peu après les violences d'Homestead, Adelaide donne naissance à leur dernier enfant, Henry Clay Jr., qui meurt d'une hémorragie interne le 3 août, quelques jours seulement après la tentative d'assassinat de son père. Ces événements de 1892 marquent le début de la rupture de la relation d'affaires entre Carnegie et Frick, qui décide de prendre une nouvelle orientation. En 1899, après des tentatives infructueuses de séparation semi-amicale, il donne sa démission de Carnegie Steel, démission qui est suivie d'un procès important et d'un règlement de quinze millions de dollars à l'avantage de Frick. Les deux hommes ne devaient plus jamais se parler. Sur son lit de mort, durant l'été 1919, Carnegie, dans un message devenu célèbre, souhaite rencontrer une dernière fois son ancien partenaire, pour se réconcilier, mais Frick aurait dit aux porteurs du message : « Dites-lui que je le verrai en enfer, où nous irons tous les deux[14]. » Frick mourra à la fin de cette même année, quatre mois après Carnegie.

Les débuts d'une vie de collectionneur

Ayant mis un terme à son partenariat avec Carnegie, Frick peut consacrer plus de temps à d'autres centres d'intérêt. Connu pour être taciturne, il a déclaré à un ami que la peinture lui procurait « plus de plaisir que tout ce qu' [il a] jamais fait, en dehors des affaires[15] ». Dès les années 1890, il commence à acquérir des œuvres importantes et se rend régulièrement en Europe. Dans les années 1880, il avait acheté quelques tableaux d'artistes américains actifs à Pittsburgh, tels que John Wesley Beatty, Joseph Woodwell ou Alfred Bryan Wall. En 1892, alors que son attention se tourne davantage vers l'Europe – ainsi que vers l'extension de Clayton –, il continue d'acheter des tableaux contemporains, mais, désormais, surtout français, notamment de peintres de l'École de Barbizon. Entre 1897 et 1908, il achète dix œuvres, principalement des pastels et des œuvres sur papier de Jean-François Millet (FIG. 20), et, entre 1898 et 1906, quatre tableaux de Camille Corot (FIG. 22). S'y ajoutent des œuvres de Théodore Rousseau et de Charles-François Daubigny. Au cours de l'été 1895, à Paris, le marchand Roland Knoedler accompagne Frick dans les ateliers de Rosa Bonheur et de William Bouguereau ; l'Américain achète des toiles de ces deux artistes, et deux ans plus tard, toujours à Paris, il rencontre Pascal Dagnan-Bouveret dans son atelier, qui travaille alors sur son *Christ et les disciples d'Emmaüs*[16]. Il achète la grande toile pour 21 000 dollars ; c'est le tableau le plus cher qu'il ait acheté à ce jour, et il s'empresse de le donner au Carnegie Museum of Art, à Pittsburgh, dont

13 Standiford 2005, p. 211.
14 *Ibid.*, p. 15.
15 Bailey 2006, p. 14.
16 Concernant Frick et Dagnan-Bouveret, voir Finocchio 2013.

19   George Hetzel, *Paysage de rivière* [*Landscape with River*], 1880, huile sur toile, 114,3 × 76,2 cm, Pittsburgh, Frick Art & Historical Center

Jean-François Millet, *Départ pour le travail*, vers 1857-1859, pastel, 22,9 × 30,7 cm, Pittsburgh, Frick Art & Historical Center

il est administrateur. Toute la presse américaine ne réagit pas favorablement à cette peinture. Le *Chicago Tribune* titre un article du journaliste Frank White « Frick Buys a Freak » (« Frick achète un monstre »). Suivent deux autres tableaux de Dagnan-Bouveret : un portrait plutôt raide de Childs Frick et une autre grande toile religieuse – *Consolatrix Afflictorum* –, qu'il accroche dans la salle à manger de Clayton (**FIG. 21**). Le goût de Frick se porte surtout sur les paysages contemporains ; au début du XXe siècle, il a déjà rassemblé à Clayton plus d'une centaine de tableaux. En 1895, il achète sa première œuvre impressionniste, une vue d'Argenteuil par Claude Monet, qu'il revend en 1909 pour acheter d'autres tableaux à Knoedler. En 1901, il acquiert son seul autre Monet, *Les Berges de la Seine à Lavacourt* (**FIG. 23**). Contrairement à tant d'autres collectionneurs américains, il n'a jamais été très porté sur les impressionnistes, mais il a néanmoins une passion particulière pour Frits Thaulow, dont il achète au moins quatre toiles entre 1895 et 1899.

Lors de ses fréquents voyages en Europe, Frick prévoit des visites de musées et de collections privées. Sa fille se souvient qu'il traversait les pièces comme un éclair. « Aucun d'entre nous ne pouvait le suivre, mais lorsque nous discutions des tableaux que nous avions vus, il les avait presque tous assimilés et s'en souvenait beaucoup mieux que nous. Sa concentration et son sens de l'observation étaient remarquables[17]. » Dans les années 1890, Frick se rapproche du marchand d'art Knoedler, et plus particulièrement de Charles « Charlie » Carstairs, responsable des opérations new-yorkaises de Knoedler depuis 1897 et qui sera nommé directeur de la galerie londonienne en 1908. Carstairs devient l'un des plus proches conseillers artistiques de Frick et un personnage clé dans la constitution de sa collection. Les œuvres de maîtres anciens que Frick a réunies sur une période de vingt ans proviennent essentiellement de M. Knoedler & Co. et de P&D Colnaghi. Tandis qu'ils lui vendent des œuvres de l'École de Barbizon et des paysages contemporains, Knoedler et Carstairs commencent à l'orienter vers des tableaux de maîtres anciens. Comme le note Cynthia Saltzman dans son livre sur les collectionneurs américains : « Si, en matière de goût, Frick suivait les autres collectionneurs plus qu'il ne menait le mouvement, c'était un suiveur au regard très aiguisé, et qui apprenait vite. Il observait ce que les autres achetaient et n'acceptait pas d'être en reste[18]. » Ses premières acquisitions de maîtres anciens sont des œuvres plutôt médiocres, à commencer par une *Nature morte aux fruits* de Jan Van Os achetée en 1896 (**FIG. 24**). Entre 1898 et 1899, il achète des portraits féminins en pied de George Romney, John Hoppner (aujourd'hui attribué à William Beechey) et Joshua Reynolds[19]. Les portraits britanniques du XVIIIe siècle – en particulier les sujets féminins – vont bientôt devenir les œuvres les plus recherchées par les collectionneurs américains. Le goût de Frick pour le portrait et pour les paysages ne se démentira

17   Frick 1959, p. 32.
18   Saltzman 2008, p. 195.
19   Concernant le portrait de Beechey, voir Owens 2020.

Vue actuelle de la salle à manger de Clayton avec, accrochée au mur, l'œuvre de Pascal Dagnan-Bouveret, *Consolatrix Afflictorum*

Camille Corot, *Ville-d'Avray*, vers 1860, huile sur toile, 43,8 × 74,3 cm, New York, The Frick Collection

23 Claude Monet, *Les Berges de la Seine à Lavacourt*, 1879, huile sur toile, 58,1 × 80 cm, Pittsburgh, Frick Art & Historical Center

Jan Van Os, *Nature morte aux fruits*, 1769, huile sur toile, 69,9 × 57,8 cm, Pittsburgh, Frick Art & Historical Center

Rembrandt, *Portrait de l'artiste*, 1658, huile sur toile, 133,7 × 103,8 cm, New York, The Frick Collection

26   Façade principale d'Eagle Rock, Prides Crossing, Massachusetts, vers 1910   **27**   Maison Vanderbilt, au 640, 5ᵉ Avenue, New York, vers 1880

jamais ; ces deux genres représentent la plus grande partie
des œuvres qu'il léguera à la Frick Collection. Parmi les artistes
les mieux représentés figurent Anthony Van Dyck, avec huit
portraits, et Thomas Gainsborough, avec sept. La peinture
hollandaise du XVIIᵉ siècle est l'autre domaine de prédilection
des collectionneurs américains. En 1899, Frick achète l'œuvre
ancienne la plus importante de sa collection à cette date :
le *Portrait d'un jeune artiste* de Rembrandt (aujourd'hui attribué
à un disciple de l'artiste, **FIG. 28**), qui figurait dans la collection
du comte de Carlisle à Castle Howard. Peu après, Frick s'intéresse
à la peinture hollandaise et achète des paysages de Jacob Van
Ruisdael, Philips Wouwerman, Meindert Hobbema et Aelbert
Cuyp. Frick est en passe de devenir un grand collectionneur,
comme le prouve son « Rembrandt » – un artiste en tête de liste
pour toute collection américaine réputée à l'époque –, mais
aussi son achat, en 1901, d'une *Leçon de musique interrompue*
de Vermeer (**FIG. 29**). C'était la quatrième œuvre de l'artiste à entrer
aux États-Unis, après celles achetées par Henry Marquand
(*Jeune femme à la cruche* en 1887), Isabella Stewart Gardner
et Collis P. et Arabella Huntington. Il est intéressant de noter
que *Le Concert* de Vermeer est le premier tableau important d'un
maître ancien acquis par Isabella Stewart Gardner, en 1892[20].

Dans les premières années du XXᵉ siècle, Frick réceptionne
d'autres tableaux à Pittsburgh. S'il continue d'acheter
des Corot, des Rousseau et des Daubigny, ainsi que des Jacob
Maris et des Anton Mauve, il se tourne de plus en plus vers
les portraits et les paysages britanniques : Reynolds, Romney,
Gainsborough, Thomas Lawrence, John Constable et Joseph
Mallord William Turner. Parallèlement, les changements
qui interviennent dans le mode de vie de sa famille vont avoir
des conséquences sur sa vie de collectionneur. Alors qu'il prend
ses distances par rapport à Carnegie et aux affaires, il achète
un terrain sur la rive nord de Boston et y fait construire une
immense maison de plus de cent pièces, qui prend le nom de Eagle
Rock (**FIG. 26**)[21]. Pendant cette période, sa femme et lui passent
plus de temps à New York, où ils séjournent dans des hôtels,
jusqu'à ce qu'ils prennent la décision capitale, à l'automne 1905,
de se fixer dans la ville. Pendant les dix années suivantes,
le couple loue au 640, 5ᵉ Avenue (à l'angle de la 52ᵉ Rue),
une grande maison construite pour William H. Vanderbilt
en 1879-1882 et qualifiée par l'écrivaine Edith Wharton
de « Thermopyles du mauvais goût[22] » (**FIG. 27**). Le fils de Vanderbilt,
George, qui était occupé alors à construire sa gigantesque
maison de Biltmore en Caroline du Nord (la plus grande
maison privée des États-Unis), n'était que trop heureux de louer
sa maison de New York à Frick. À l'époque, la collection
de peinture de William H. Vanderbilt était en prêt longue
durée au Metropolitan Museum of Art. Frick se retrouve
donc à occuper deux grandes maisons – Eagle Rock et le 640,
5ᵉ Avenue –, et il a besoin de tableaux pour orner leurs murs.

20   Saltzman 2008, p. 45-46.
21   Concernant les maisons
      de Frick, voir Symington
      Sanger 2001.
22   Saltzman 2008, p. 173.

Attribué à un disciple de Rembrandt, *Portrait d'un jeune artiste*, vers 1650, huile sur toile, 99,4 × 88,9 cm, New York, The Frick Collection

Johannes Vermeer, *Leçon de musique interrompue*, vers 1658-1659, huile sur toile, 39,4 × 44,5 cm, New York, The Frick Collection

Si la plupart des paysages de l'École de Barbizon
et des paysages contemporains restent à Clayton, la majorité
des tableaux de maîtres anciens sont transférés à New York.
(La maison de Clayton ira en héritage à la fille de Frick,
Helen Clay, et, à la mort de cette dernière en 1984, sera
transformée en musée sous le nom de The Frick Pittsburgh.)
Entre 1904 et 1910, Frick se lance dans des acquisitions
importantes : il achète un *Autoportrait* (1904) de Murillo,
un *Saint Jérôme* (1905) de Greco – que l'on croyait alors
être le portrait d'un cardinal –, le *Pietro Aretino* (1905)
de Titien de la collection Chigi à Rome, un autoportrait (1906)
de Rembrandt (**FIG. 25**) de la collection du Earl of Ilchester,
la *Cathédrale de Salisbury* de Constable (1908), la *Terrasse de
Mortlake* de Turner (1909) et un autre Rembrandt, *Le Cavalier
polonais* (1910). Frick avait l'habitude de demander à Knoedler
et à Colnaghi de lui permettre de vivre un certain temps
avec les tableaux avant de prendre la décision de les acheter ;
selon sa fille, « il n'achetait jamais un tableau avec lequel il n'avait
pas plaisir à vivre[23] ». Frick pouvait être aussi un client difficile.
Carstairs écrit par exemple à Otto Gutekunst, chez Colnaghi :
« Il s'intéresse vraiment beaucoup à l'art, mais il a l'impression
que les marchands de tableaux veulent trop d'argent ou faire
trop de profit. C'est un commerçant dans l'âme et un acheteur
difficile ; un homme très intelligent, bien plus en ce sens que
Morgan[24]. » À quelques exceptions près, la plupart des tableaux
de maîtres anciens de Frick provenaient du Royaume-Uni.
La combinaison de la crise agraire des années 1880, de la loi sur
les terres colonisées de 1882 et de l'introduction de nouvelles
taxes et droits de succession en 1894 a fait des grandes
demeures campagnardes britanniques la principale source
d'approvisionnement en tableaux pour le marché américain.
Frick en profite, notamment par l'intermédiaire de Knoedler
et de Carstairs, et il rassemble ainsi rapidement un riche
ensemble de portraits et de paysages britanniques, plusieurs
peintures hollandaises de l'âge d'or et quelques œuvres
espagnoles et italiennes des XVIe et XVIIe siècles[25]. En 1910,
pour la première fois, Frick prête des pièces maîtresses
de sa collection à ce qui sera une exposition retentissante
au Museum of Fine Arts de Boston[26].

1, 70e Rue Est, New York City

Le bail du 640, 5e Avenue arrivant à échéance en 1915,
Frick décide d'acheter un terrain sur la même avenue, entre
la 70e et la 71e Rue, pour y construire un hôtel particulier,
à la manière des demeures aristocratiques anglaises – comme
Stafford ou Bridgewater House – qu'il a connues à Londres.
Pour ce site, qui avait été occupé par la Lenox Library, il pense
d'abord engager Daniel H. Burnham, qui a construit le Frick
Building à Pittsburgh (le siège de son entreprise) et le Flatiron
Building à New York. Mais il se tourne finalement vers le jeune

23   Frick 1959, p. 32.
24   Saltzman 2008,
       p. 195-196.
25   Sur les activités
       de collectionneur
       de Frick à l'époque,
       voir Finocchio 2008
       et Finocchio 2014.
26   Concernant l'exposition
       de 1910, voir Scott 2021.

Thomas Hastings, à qui l'on doit récemment la bibliothèque publique de New York. Au début, entre 1912 et 1913, Hastings envisage d'édifier un impressionnant palazzo à l'italienne, mais il s'oriente finalement vers un bâtiment plus simple, avec une façade en pierre calcaire de l'Indiana, dans un style néo-Louis XV-XVI[27] (FIG. 31). Le bâtiment s'inspire du Châtelet à Paris et du Grand Trianon à Versailles. Les pièces du rez-de-chaussée sont décorées par Sir Charles Allom (de l'agence White Allom), qui a été anobli en 1913 par le roi George V pour son travail au palais de Buckingham. Bien que Frick n'ait cessé de plaider pour la « simplicité », auprès d'Hastings comme d'Allom, la maison est somptueusement décorée de boiseries et de marbre. En lieu de salle de bal – comme cela aurait été habituel dans ce genre de demeure à New York au début du XXe siècle – Frick a voulu une grande galerie de tableaux (FIG. 4), clairement inspirée d'espaces similaires à la Wallace Collection à Londres et dans plusieurs autres demeures aristocratiques où il avait été reçu au Royaume-Uni. Le 30 avril 1913, Hastings écrit à Allom à propos de la décoration de la bibliothèque : « N'oubliez pas que nous voulons autant d'espace que possible pour les tableaux, et que tous les lambris ont été étudiés dans cette optique[28]. » Les rayonnages de livres ne devaient donc pas monter trop haut, afin de laisser de la place pour les tableaux (FIG. 3). La construction de la maison fait parler d'elle à New York et, le 27 janvier 1914, la célèbre décoratrice Elsie de Wolfe écrit à Frick : « Comme je serais fière et heureuse d'apporter ma contribution, même minime, à une si splendide demeure. Ne serait-ce qu'une seule pièce[29]. » Dans un premier temps, Frick refuse, ayant prévu de confier à Allom toute la décoration intérieure, malgré sa frustration face aux retards constants. Comme le dit sa fille, Frick « aimait la vitesse, dans les affaires comme dans ses déplacements. Il aimait conduire vite et a même envisagé d'avoir son avion personnel juste avant sa mort[30] ». Le sentiment d'urgence s'accentue quelques mois plus tard. En mars 1914, George Vanderbilt meurt des complications d'une appendicectomie à l'âge de 52 ans. Son neveu, Cornelius Vanderbilt III, hérite du 640, 5e Avenue et prévoit d'y emménager, si bien que les Frick doivent quitter la maison plus tôt que prévu. À la mi-mars, Elsie de Wolfe est donc engagée pour décorer le bureau de Frick au rez-de-chaussée de la maison, la majeure partie du premier étage – qui comprend les appartements privés de la famille (à l'exception de la salle du petit déjeuner et du salon de Frick, qui sont laissés à Allom) – et quatre chambres d'amis au deuxième étage.

Tandis que la maison prend forme, et avant que la famille n'y emménage à la fin de 1914, la collection prend un tournant décisif. Frick a désormais une grande maison à meubler et à remplir de tableaux, et ceux du 640, 5e Avenue n'y suffisent pas. Entre 1911 et 1915, Frick achète des œuvres aussi importantes que *Le Roi Philippe IV* (FIG. 32) de Velázquez – qui

27   Sur la maison et sa construction, voir Bailey 2006.
28   Bailey 2006, p. 49.
29   *Ibid.*, p. 59.
30   Frick 1959, p. 24.

Diego de Silva y Velázquez, *Le Roi Philippe IV*, 1644, huile sur toile, 129,9 × 99,4 cm, New York, The Frick Collection

33 Thomas Gainsborough, *L'Honorable Frances Duncombe* [*The Hon. Frances Duncombe*], vers 1777, huile sur toile, 234,3 × 155,3 cm, New York, The Frick Collection restera apparemment son tableau préféré –, *Sir Thomas More* de Holbein (**FIG. 34**) et un second Vermeer. Les grands espaces de la nouvelle maison, comme la galerie de tableaux et la salle à manger, l'incitent à acheter des œuvres plus grandes : un portrait en pied de Gainsborough (**FIG. 33**) et un portrait de Romney pour la salle à manger, des portraits en pied de Van Dyck, deux paysages monumentaux de Turner et deux magnifiques tableaux allégoriques de Paul Véronèse pour le mur ouest de sa galerie. D'autres achats suivent pour la maison : un jeu de gravures de Rembrandt acheté en 1913 pour orner certaines pièces plus privées. La période qui entoure l'emménagement dans la maison est particulièrement importante à deux autres égards. En mars 1913, John Pierpont Morgan meurt à Rome. Héritant de l'une des plus grandes collections au monde, son fils Jack prévoit d'en vendre une partie, pour faire face à d'importants droits de succession. La grande exposition de la collection Morgan au Metropolitan Museum of Art, entre février 1914 et mai 1916, est, pour Frick, l'occasion d'envisager de nouvelles acquisitions pour le 1, 70ᵉ Rue Est. Entre 1915 et 1916, la maison étant presque terminée, Frick achète en bloc la salle Fragonard, la plupart des bronzes de la Renaissance italienne de Morgan, des émaux de Limoges (**FIG. 1**), des pièces de porcelaine et du mobilier. Le marchand chargé de ces ventes est Joseph Duveen, qui, jusqu'ici, a peu fait affaire avec Frick. Il le persuade astucieusement de s'intéresser non seulement aux tableaux des maîtres anciens mais aussi à la sculpture, au mobilier et aux arts décoratifs. Frick – dont le nom de code pour le bureau de Duveen est « Maurice » – devient dans les années 1910 l'un des plus importants clients du marchand. Avec la mort de Morgan et l'influence de Duveen, Frick, qui, jusque-là, avait surtout collectionné des tableaux, commence à acheter de la porcelaine chinoise, des tapis persans et du mobilier français du XVIIIᵉ siècle. La combinaison de ces divers objets va profondément orienter le caractère de sa nouvelle demeure.

Malgré les retards et les complications causés par la Première Guerre mondiale, qui éclate en juin 1914, et les lettres irritées que Frick adresse à Hastings et Allom, la famille emménage à la fin de l'année dans la nouvelle maison, qui ne sera totalement prête qu'au printemps suivant. Le 2 juin 1915, Frick écrit sèchement à Hastings : « Nous apprécions la maison, qui présente de nombreuses qualités pour lesquelles nous vous sommes reconnaissants. Je pense que c'est un grand monument à votre gloire, mais uniquement parce que je vous ai retenu d'y apporter une ornementation excessive[31]. » Peu après avoir emménagé, Frick reprend son activité de collectionneur. En 1915, il ajoute la salle Boucher, qui sert de boudoir à Adelaide au premier étage, à côté de sa chambre (**FIG. 2**). La même année, il achète ce qui sera le tableau le plus célèbre de sa collection – une acquisition unique à bien des égards –, *Saint François dans le désert* de Giovanni Bellini, qui devient la pièce maîtresse

31   Bailey 2006, p. 76.

34   Hans Holbein le Jeune, *Sir Thomas More*, 1527, huile sur panneau, 74,9 × 60,3 cm, New York, The Frick Collection

Giovanni Bellini, *Saint François dans le désert*, vers 1476-1478, huile sur panneau, 124,1 × 140,5 cm, New York, The Frick Collection

du salon de la maison (**FIG. 5 ET 35**), entouré de deux portraits
de Titien, du *Saint Jérôme* de Greco et de deux portraits
de Holbein. À la fin de l'année 1915, Frick envisage d'agrandir
la maison et Hastings commence à élaborer les plans d'une
galerie de sculptures. Si Frick a probablement toujours prévu
que sa maison serait transformée en musée après sa mort, il n'en
a jamais fait part à l'architecte, aux décorateurs ni à Carstairs. Sa
fille se souvient qu'à l'origine, « il avait prévu d'avoir sa collection
à Pittsburgh, mais il en a été dissuadé en raison des dégâts que
la fumée pouvait causer aux chefs-d'œuvre[32] ». Cependant, l'idée
de transformer le 1, 70e Rue Est en musée ne semble pas avoir été
ouvertement abordée du vivant de Frick.

Frick continue à acheter des tableaux : de nouveaux
Holbein, Gainsborough, Titien, Frans Hals et Goya, ainsi
que Hogarth et Tiepolo. Étonnamment, il y ajoute quelques
peintres plus modernes, revenant quelque peu à ses habitudes
antérieures : *La Répétition* d'Edgar Degas (**FIG. 39**), *La Corrida*
d'Édouard Manet (**FIG. 37**), *La Promenade* d'Auguste Renoir
(**FIG. 38**) et *Maternité* d'Eugène Carrière, tous achetés entre 1914
et 1916. Sa dernière acquisition, en 1919, est un troisième
Vermeer, intitulé *La Maîtresse et la Servante*. Le 2 décembre 1919,
quinze jours avant son soixante-dixième anniversaire, Frick
meurt au 1, 70e Rue Est, où il n'a vécu que cinq ans. Il est enterré
à Pittsburgh. Dans son testament, il laisse l'usufruit de la maison
(et de la collection) à sa veuve, mais précise que la maison,
devenue musée, sera ouverte au public après sa mort.

Frick et Whistler

La forte présence d'œuvres de Whistler est une note inhabituelle
dans une collection de tableaux aussi axée sur les maîtres
anciens européens et les paysages français contemporains.
Tous les Whistler de Frick ont été acquis au cours d'une période
relativement courte de cinq ans (entre 1914 et 1919), soit plus
de vingt œuvres en succession rapide. Compte tenu de son goût
pour les portraits et les paysages, il est d'ailleurs surprenant que
Frick n'ait pas été attiré plus tôt par Whistler. Il avait quinze
ans de moins que l'artiste, mais, à notre connaissance, les deux
hommes ne se sont jamais rencontrés. La relation de Frick avec l'art
de son temps est difficile à définir. Quand il était dans sa trentaine
et sa quarantaine, il achetait principalement des œuvres d'artistes
vivants, en particulier de peintres américains et français
qu'il connaissait personnellement ; dans sa cinquantaine
et sa soixantaine, il s'est tourné vers les maîtres anciens, si l'on
excepte un Degas et un Renoir, deux artistes encore en vie
à l'époque. Sa relation avec les deux plus grands peintres
américains actifs en Europe – Whistler et John Singer Sargent –
a été complexe. En 1914, Frick se voit proposer le portrait de Lady
Essex par Sargent, mais décide de ne pas l'acheter. Un an plus
tard, il écrit à Carstairs pour lui demander de trouver « un très
bon Sargent – quelque chose de vraiment bien », pour en faire

32   Frick 1959, p. 32.

John Singer Sargent, *Un coin de l'église San Stae, Venise* [*Corner of the Church of San Stae, Venice*], vers 1913, huile sur toile, 71,1 × 55,9 cm, collection particulière

Édouard Manet, *La Corrida*, 1864, huile sur toile, 47,9 × 108,9 cm, New York, The Frick Collection

Auguste Renoir, *La Promenade*, 1875-1876, huile sur toile, 170,2 × 108,3 cm, New York, The Frick Collection

Edgar Degas, *La Répétition*, 1878-1879, huile sur toile, 47,6 × 61 cm, New York, The Frick Collection don à Lewis Cass Ledyard, qui l'a aidé, cette année-là, à rédiger son testament. Frick achète deux tableaux – *La Bergerie* et *Un coin de l'église San Stae, Venise* (**FIG. 36**) – et les lui offre en octobre 1917. À une date inconnue, Frick écrit à Sargent pour lui demander un rendez-vous, sans doute pour lui commander un portrait (probablement de lui-même, de sa femme ou de sa fille). Sargent lui répond sans ambages : « Je me permets de vous dire que si l'objet de votre visite est une commande de portrait, je me sens obligé de vous informer que je n'accepte aucune commande et que je n'ajoute aucune promesse à celles que j'ai déjà faites pour l'avenir[33]. » À la mort de Frick, aucune œuvre de Sargent n'était entrée dans sa collection.

Au cours des années 1880, les Américains sont de plus en plus nombreux à s'intéresser à Whistler et à collectionner ses œuvres. Jusqu'ici, l'artiste comptait avant tout sur les magnats de l'industrie britannique. Isabella Stewart Gardner a rencontré Whistler en 1879 par l'intermédiaire de Henry James et ils se sont vus ensuite à plusieurs reprises, principalement à Londres[34]. En août 1886, Gardner lui commande un portrait d'elle-même, mais n'étant que de passage à Londres et ne pouvant poser pour les longues séances qu'exigeait Whistler, ce dernier n'a réalisé qu'un pastel : *La Petite Note en jaune et or*[35]. En 1888, elle posera pour un portrait en pied iconique de Sargent. À la fin de 1892, Gardner achète *Harmonie en bleu et argent : Trouville* (**FIG. 71**), que Whistler avait peint en 1865, à côté de Gustave Courbet durant un séjour dans la ville normande. (Courbet est le petit personnage qui marche sur la plage de sable dans l'angle gauche du tableau.) Gardner possédait des dessins et des pastels de Whistler, ainsi que des séries d'estampes : *Suite française*, *Suite de la Tamise*, et *Première et Deuxième Suites vénitiennes*. Elle envisage également d'acquérir la Peacock Room (dont elle possède les dessins préparatoires) et de l'installer à Boston. Elle participe également à la commande de peintures murales de Whistler pour la Boston Public Library, commande qui n'a jamais été exécutée. Le premier Whistler acquis par une institution publique américaine est *Arrangement en noir : la dame au brodequin jaune – Portrait de Lady Archibald Campbell*, acheté par le Philadelphia Museum of Art en 1895.

Frick semble s'être intéressé à Whistler dès l'époque où il vivait à Pittsburgh. Au cours de l'été 1901, il visite Londres, Paris et Aix-les-Bains. De retour vers New York à bord du *S.S. Oceanic*, il reçoit le 4 septembre un câble de Carstairs : « Ne vendra pas Whistler ni Bastien-Lepage. Millet dix mille livres. Mauve quinze cents livres nettes pour lui. Meilleurs vœux pour un splendide voyage. Carstairs[36]. » Le 17 septembre, Carstairs donne à Frick, alors de retour à New York, des informations complémentaires. Il fait référence à un pastel appartenant à « M. Forbes » et à un tableau de Mauve, trop cher, et conclut : « Il y a un certain sentiment attaché au Bastien-Lepage qui l'empêche de le vendre, ainsi que le Whistler. » James Staats

33 Cette lettre, non datée, est aujourd'hui conservée dans les archives de la Frick Collection.

34 Saltzman 2008, p. 53-54 ; Sutherland 2018, p. 202-203.

35 Sutherland 2018, p. 218.

36 Ce télégramme et les documents relatifs à la correspondance de Frick sur Whistler et sur ses acquisitions d'œuvres de l'artiste se trouvent, sauf indication contraire, dans les Art Collecting Files of Henry Clay Frick, New York, The Frick Collection/ Frick Art Reference Library Archives.

Forbes, riche directeur des chemins de fer Midland Great Western en Irlande, possédait des peintures hollandaises, des œuvres de l'École de Barbizon, et au moins sept tableaux de Whistler. En 1902, il vend à Charles Lang Freer *Harmonie en bleu et argent : Trouville* (**FIG. 71**), et, plus tard, plusieurs autres de ses Whistler[37]. Cette acquisition était probablement un paysage, peut-être celui de Trouville que Freer achètera un an plus tard. Un autre lien potentiel avec Whistler apparaît avec le déménagement des Frick au 640, 5e Avenue, en 1905. Un éminent mécène de l'artiste, George Washington Vanderbilt II, a été portraituré par Whistler, et il a même été l'un des porteurs du cercueil lors des funérailles de l'artiste le 22 juillet 1903. Il n'est cependant pas certain que Frick ait jamais vu ce portrait de Vanderbilt. Une autre tentative d'achat d'un Whistler échoue en 1906. Le 18 juin, Carstairs, dans une lettre à Frick, évoque la possibilité d'acheter *Le Moulin* de Rembrandt de la collection du 5e marquis de Lansdown (finalement acheté en 1911 par Peter Widener), mais il ajoute :

> […] nous venons d'acheter probablement la plus belle collection d'eaux-fortes de Whistler jamais constituée, au nombre de 250. Il m'a semblé qu'elles seraient splendides dans votre maison de Prides Crossing. Vous pourriez en encadrer environ 150 et garder une centaine des plus belles dans des portfolios. Ce sont des choses très artistiques et elles sont devenues très rares. Je ne connais pas d'autres collections en Angleterre, à part celle de Sir John Day, qui n'est pas aussi belle. Elle vous coûterait 12 000 livres. Il n'y a pas de droits de douane. Comprenez bien que Whistler est le plus grand graveur depuis l'époque de Rembrandt, qui a été le plus grand de tous les temps. Vous ne regretterez jamais un tel achat, ce serait un héritage précieux pour les futures générations de Frick.

Frick n'a pas donné suite.

Le personnage clé derrière les Whistler de Frick est un autre collectionneur américain, Richard Albert Canfield[38]. Propriétaire haut en couleur de l'un des plus grands établissements de jeux de la côte Est des États-Unis, il est arrêté en 1885 et passe quelque temps dans une prison de Rhode Island. Il affirmera plus tard que son incarcération a été l'une des périodes les plus heureuses de sa vie, car c'est alors qu'il a commencé à s'intéresser à l'art. En 1899, par l'intermédiaire de Charles Freer, Canfield rencontre Whistler, alors âgé, et en mai 1901, il lui commande un portrait de lui-même qui sera exécuté entre 1902 et 1903. Laissé inachevé, c'est le dernier portrait peint par Whistler. Canfield commence alors à constituer la deuxième plus grande collection de Whistler en Amérique, après celle de Freer. Il y parvient efficacement en achetant à des sources multiples : dans son opulente maison new-yorkaise du 5, 44e Rue Est, il réunit ainsi plus de dix toiles

37   Concernant le tableau, voir McLaren Young, MacDonald et Spencer 1980, p. 39, n° 66.
38   Sur Canfield, voir Gardiner 1930 et Munhall 1995, p. 98-103.

du peintre, plus de trente-cinq aquarelles et pastels et plus
de soixante-dix lithographies. Un contemporain a écrit, à propos
du célèbre établissement de jeu qu'il tenait dans sa maison,
que « chez Canfield, des gentlemen en tenue de soirée jouent
dans l'ambiance d'une galerie d'art[39] ». Lors d'une descente
de police en 1901, Canfield a accueilli les policiers en ces termes :
« Là, messieurs, se trouve la deuxième plus grande collection
de Whistler au monde. Je suis sûr que vous appréciez tous
le travail de ce grand maître[40]. » Vers la fin de sa vie, il acceptera
de se défaire de la collection. Les événements entourant
cette vente ont été ainsi relatés par George H. Kennedy :

> Un jour de 1914, Roland Knoedler […] trouve Canfield
> en train de prendre un petit déjeuner tardif au Delmonico.
> « Quand vas-tu nous vendre ces Whistler, Dick ? »,
> lui demande-t-il. « Vous pouvez les avoir aujourd'hui
> pour 300 000 dollars », répond Canfield. « Une minute »,
> dit Knoedler, qui part téléphoner. « Parfait, dit-il
> à son retour, nous allons envoyer notre voiture ». Knoedler
> avait très certainement téléphoné à Frick, car le lendemain,
> les tableaux étaient chez lui[41].

Selon les comptes de Knoedler, la galerie a acheté, le 12 mars,
quarante-quatre Whistler (six tableaux, trois pastels
et trente-cinq aquarelles) pour 200 000 dollars[42]. En fin de compte,
Frick aura huit des Whistler de Canfield (quatre toiles, une
aquarelle et trois pastels).

La première transaction a dû être très rapide. Si Knoedler
a acheté les tableaux le 12 mars, Frick les a payés une semaine
plus tard. Knoedler lui envoie une facture le 18 mars, et Frick
paie le 20. De toute évidence, Knoedler a vendu les tableaux
avec un énorme bénéfice. Pour trois œuvres seulement, Frick
a payé au total 195 000 dollars. Le paiement a été effectué
avec l'un des chèques sur lesquels Frick, des années auparavant,
avait fait graver le portrait de sa fille Martha (morte depuis
plus de vingt ans).

Le premier de ces trois tableaux, et chronologiquement le plus
ancien des Whistler qui se trouvent aujourd'hui à la Frick Collection,
est *Symphonie en gris et vert : l'Océan* (CAT. 43)[43]. C'est également
le seul paysage de l'artiste que Frick a laissé au musée, et l'une
des rares toiles peintes par Whistler lors de son séjour à Valparaíso,
au Chili, en 1866[44]. Le peintre s'y était rendu dans le cadre
d'un projet avorté visant à livrer des armes aux Chiliens et aux
Péruviens qui se battaient contre les Espagnols. Le 31 mars de cette
année-là, il assiste au bombardement de Valparaíso. Il y peint
quelques marines du port. En 1892, l'œuvre mentionnée plus
haut appartenait à Clementia Doughty Taylor, à Brighton, veuve
du député Peter Alfred Taylor, qui l'a vendue cette même année
à William Taylor Malleson, à qui Canfield l'a achetée à une date
inconnue. Il a cédé le tableau à Frick pour 35 000 dollars.

39   Munhall 1995, p. 102.
40   *Idem.*
41   *Idem.*
42   *Ibid.*, p. 103.
43   Concernant le tableau,
     voir Davidson
     et Munhall 1968,
     p. 6-9 ; McLaren Young,
     MacDonald et Spencer
     1980, p. 42, n° 72.
44   Sur Whistler au Chili,
     voir Sutherland 2008.

Les deux autres tableaux acquis par Frick auprès de Canfield étaient des « portraits noirs » en pied de Whistler. Le premier, *Arrangement en noir et or : comte Robert de Montesquiou-Fezensac*, avait été peint en 1891-1892 pour le comte de Montesquiou (**CAT. 47**)[45], qui avait promis à l'artiste de léguer le tableau au musée du Louvre. Mais, en 1902, il le vend à Canfield, qui s'en fait l'écho auprès du peintre dans une lettre du 22 octobre 1902 : « Vous serez surpris et j'espère heureux d'apprendre que j'ai acheté au comte Robert de Montesquiou, son portrait par vous-même. Il est encore à Paris entre les mains de mon agent, où j'ai donné ordre qu'il soit conservé[46]. » Whistler réagit immédiatement : « Câblez-moi l'histoire détaillée de l'achat du Montesquiou. Quels refus ? Quelle somme irrésistiblement acceptée ? » Par l'intermédiaire du marchand Arnold Seligmann, Canfield était prêt à proposer à Montesquiou jusqu'à 75 000 francs pour le portrait, mais Seligmann l'obtient pour 60 000 francs. Furieux, Whistler (qui avait été payé 6 000 francs pour ce travail) adresse immédiatement au comte une lettre cinglante :

> Bravo Montesquiou ! – Les belles paroles et le legs au Louvre ont dû céder aux dollars américains ; par nécessité, les personnes nées noblement doivent agir noblement ! Et le portrait acquis en tant que Poète, pour une chanson, est revendu en tant que Juif de la rue Lafitte pour dix fois cette chanson ! Félicitations !

Montesquiou répond avec une certaine élégance :

> La lettre insultante que je viens de recevoir de vous, et dont je n'accepterais les termes de la part d'aucune autre personne, rencontre tout de même, dans mes souvenirs, des sentiments qui n'ont jamais vacillé, et ne vacilleront jamais par rapport à votre Art et à votre Personne […] J'ai cru pouvoir prendre une décision qui me paraissait garantir dignement l'avenir d'une œuvre d'art très noble, tout en témoignant du respect dû à votre grande renommée.

Les deux hommes ne se sont jamais plus rencontrés ni parlé. Whistler était très certainement contrarié que le comte ait vendu le portrait pour dix fois le prix que lui-même avait demandé.

Le dernier des tableaux achetés dans la collection Canfield est, à 100 000 dollars, également le plus cher ; de fait, c'est l'œuvre de Whistler la plus chère que Frick ait jamais achetée. Il s'agit d'*Arrangement en brun et noir : portrait de Miss Rosa Corder* (**CAT. 44**), commandé par l'ami proche et agent officieux de l'artiste, Charles Augustus « Owl » Howell, et peint en 1876-1878 dans l'atelier de Whistler à Chelsea, à Londres[47]. Howell l'achète pour 100 guinées, dans l'intention d'en faire des gravures et de les vendre. L'artiste anglaise Rosa Frances Corder était la maîtresse de Howell, avec qui

45   Concernant le portrait, voir Davidson et Munhall 1968, p. 21-25 ; Munhall 1995 ; McLaren Young, MacDonald et Spencer 1980, p. 177-178, n° 398.

46   Pour cette correspondance, voir Munhall 1995, p. 97-98.

47   Concernant le portrait, voir Davidson et Munhall 1968, p. 14-17 ; McLaren Young, MacDonald et Spencer 1980, p. 117-118, n° 203 ; Galassi 2001 ; S. Grace Galassi dans cat. exp. New York 2003, p. 116-131.

elle a eu une fille en 1883. Corder racontera plus tard qu'elle a posé pour le portrait « une quarantaine de fois, debout dans l'embrasure d'une porte, avec, derrière elle, l'obscurité d'une pièce aux volets fermés – de longues séances de pose qui duraient parfois jusqu'à ce qu'elle s'évanouisse, et qu'elle a finalement refusé de poursuivre[48] ». Howell était un homme d'affaires notoirement retors. Au moment de sa mort, en 1890, Whistler a dit de lui : « criminellement parlant, cet homme était un artiste[49] ». Le bruit courut que « Owl » avait été assassiné devant un pub à Londres et que son corps avait été retrouvé avec un demi-souverain entre les dents ; en réalité, il est mort chez lui d'une pneumonie[50]. Après sa mort, sa collection a été vendue aux enchères le 13 novembre 1890 chez Christie's, où le portrait de Whistler a été acheté par l'illustrateur Walford Graham Robertson, qui l'a vendu à son tour à Canfield à la fin de 1902. La vente du portrait de Rosa Corder pour un montant presque double de celui du Montesquiou est une indication des goûts du marché américain ; à l'époque, les portraits britanniques de femmes du XVIIIe siècle se vendaient plus cher que ceux des hommes. D'ailleurs, la plupart des portraits que possédait Frick étaient des portraits de femmes.

Le 27 mars 1914, le *New York Times* publie un article sous le titre : « Deux Whistler vendus chez Knoedler pour 200 000 dollars – "Rosa Corder" et "Comte de Montesquiou" de la collection Canfield – L'acheteur garde l'anonymat ». Neuf mois plus tard seulement, le 12 décembre, le même journal annonce : « Mort de Richard Canfield – Le célèbre joueur s'est fracturé le crâne en tombant dans les escaliers du métro ». Canfield avait trébuché sur les marches de la station de la 14e Rue et s'était cogné le menton, mais, pensant que ce n'était pas grave, il était rentré chez lui, où il est mort de blessures à la tête. Au moment de sa mort, Knoedler avait déjà acheté sa collection de Whistler, et Frick possédait déjà les trois tableaux les plus importants.

En mars 1914, Knoedler donne à Frick trois tableaux qu'il avait achetés ainsi qu'une « petite huile de J. McNeill Whistler ». Sur la facture, la petite huile – très probablement une autre œuvre ayant appartenu à Canfield – apparaît comme un cadeau. Aucune autre mention n'en a jamais été faite dans les papiers de Frick. Presque certainement, il s'agit de *Gris et argent – la baie d'or, Irlande* (FIG. 40), un minuscule panneau peint par Whistler en 1900 et vendu à Canfield en 1902[51]. En 1916, le tableau appartenait à Mildred McQuillan (ou Milton), plus tard épouse de Henry Knapp Skelding Williams. Millie, comme on l'appelait, était originaire de Californie et la rumeur voulait qu'elle ait été la maîtresse de Frick, mais rien ne prouve cette allégation[52]. Il est toutefois probable que Frick a donné à Millie le petit Whistler qu'il avait reçu de Knoedler.

Frick acquiert deux autres œuvres de Whistler destinées à être offertes. Le 7 août 1914, il achète, pour 1 111,50 dollars, une eau-forte de l'artiste – *Le Jardin* – qu'il envoie à Hilda Rice, d'Ipswich, dans le Massachusetts. Issue d'une éminente famille

48   Galassi 2001, p. 29.
49   *Ibid.*, p. 28.
50   Sutherland 2008, p. 247.
51   Concernant ce tableau, voir McLaren Young, MacDonald et Spencer 1980, p. 225, n° 537.
52   Scharlach 1990, p. 176-177. Le fait que Frick aurait légué à Millie 5 millions de dollars, comme il est dit dans l'ouvrage cité, est démenti par l'absence de toute mention de Millie dans le testament. Samantha Deutch, à la Frick Art Reference Library, travaille sur le personnage de Mildred Williams et sa relation avec Frick ; elle prépare un article sur ce sujet.

de la rive nord de Boston, Hilda Rice avait épousé le 4 août (quelques jours seulement avant l'achat de Frick) Frederick Ayer Sr., un voisin des Frick à Prides Crossing. La gravure était sans doute un cadeau de mariage pour le jeune couple. Quelques mois plus tard, le 31 décembre, il achète à Knoedler un autre Whistler, la petite aquarelle *Gris et argent : le terrain de golf* (**FIG. 41**), qui avait également été vendue par l'artiste à Canfield et rachetée par le marchand en 1914[53]. Frick la paie 2 000 dollars seulement et compte en faire cadeau à Bryce James Allan, dont le père était le fondateur de la compagnie maritime Allan Shipping Lines de Montréal et l'un des hommes les plus riches du Canada. Allan était également un voisin des Frick à Prides Crossing, où il possédait une grande maison, Allanbank. Sa femme, Anna Palfrey, était une amie proche d'Isabella Stewart Gardner. Dans les années 1910, Frick a correspondu avec Allan et sa femme, qui étaient invités à dîner à Eagle Rock. La raison précise de ce cadeau est toutefois inconnue.

Le 21 novembre 1914, Frick reçoit une lettre du comité d'organisation de l'Exposition internationale Panama-Pacifique, qui devait se tenir à San Francisco entre le 20 février et le 4 décembre 1915. « De tous les peintres qui ont influencé l'art moderne, aucun n'est plus important que James McNeill Whistler », explique le comité, qui demande à emprunter les trois tableaux de Frick. Charles Lang Freer fait partie des prêteurs importants de l'exposition, mais Frick refuse de laisser sortir ses œuvres. Sa collection de Whistler ne cesse de croître. Le 12 mars 1915, il débourse 14 500 dollars (au lieu de 16 950) pour la première série de douze gravures de Venise (**CAT. 51-62**), initialement publiée en 1880, également achetée chez Knoedler[54]. Ce sont les premières œuvres de Whistler qui ne proviennent pas de la collection Canfield, Knoedler les ayant achetées au marchand de livres rares Ernest Dressel North[55]. Présentées dans des cadres dorés, les gravures ont été accrochées dans le hall du rez-de-chaussée au 1, 70ᵉ Rue Est, mais Frick, à l'époque, avait peut-être d'autres projets pour ses achats de Whistler. Le 14 mai 1915, quelques mois seulement après avoir emménagé dans son nouvel hôtel particulier de la 5ᵉ Avenue et alors que la décoration intérieure était toujours en cours, il écrit à Carstairs : « J'ai décidé de ne pas garder les Whistler récemment accrochés au deuxième étage, et je serais heureux que vous veniez les chercher. Je vous retourne ci-joint la facture qui m'a été remise le 30 avril. » On ne sait pas exactement à quelles œuvres il est fait référence, ni si elles ont été rendues. Le deuxième étage (le troisième niveau pour les Américains) était celui où se trouvaient à l'origine les chambres d'amis de la maison. Il est probable que Knoedler avait envoyé quelques œuvres de Whistler – vraisemblablement des gravures – pour les « tester » dans la maison et que Frick, ne les ayant pas particulièrement appréciées, a décidé de les retourner, comme il le faisait souvent.

53 Concernant l'aquarelle, voir MacDonald 1995, p. 582-583, n° 1620.
54 Sur Whistler à Venise et les eaux-fortes, voir Grieve 2000.
55 Concernant le jeu d'estampes de Frick, voir D. Becker dans Davidson *et al.* 2003, p. 254-261.

40   *Gris et argent – la baie d'or, Irlande* [*Gray and Silver – The Golden Bay, Ireland*], 1900, huile sur panneau, 28,26 × 22,54 cm, Chattanooga, Hunter Museum of American Art, Gift of Mr. Scott L. Probasco Jr.

41   *Gris et argent : le terrain de golf, Dublin* [*Grey and Silver : The Golf Links, Dublin*], 1900, aquarelle sur papier japonais crème, 14,9 × 24,6 cm, Chicago, Terra Foundation

Frick achète néanmoins trois autres Whistler ayant appartenu à Canfield. Le 31 mai 1916, il paie 10 000 dollars pour trois pastels exécutés en 1880, à l'époque où l'artiste séjournait à Venise pour se remettre de son procès avec Ruskin et de la faillite qui s'était ensuivie. Les trois pastels étaient des sujets vénitiens : *Le Cimetière : Venise* (**CAT. 48**), *Canal vénitien* (alors intitulé *Le Ferry : Venise*, **CAT. 50**) et *Nocturne : Venise* (**CAT. 49**)[56], achetés par Knoedler à Canfield en 1914, puis vendus au collectionneur Stephen C. Clark, qui les a toutefois retournés à Knoedler un an plus tard, ce qui a permis à Frick d'en faire l'acquisition.

Tandis qu'il s'installait au 1, 70ᵉ Rue Est, Frick a continué d'acquérir des tableaux de Whistler. Au cours des deux dernières années de sa vie, il achète ainsi deux spectaculaires portraits en pied. À l'automne 1871, Frederick R. Leyland avait commandé à Whistler un portrait de sa femme, Frances Dawson, comme pendant à son propre « portrait noir » réalisé par l'artiste. Il s'agit de *Symphonie en couleur chair et rose : portrait de Mrs. Frances Leyland* (**CAT. 45**), exposé en 1874 lors de la première exposition personnelle de Whistler, largement soutenue par Leyland, qui était alors son principal mécène, et quelques années seulement avant l'épisode désastreux de la Peacock Room[57]. Mᵐᵉ Leyland devint la muse et la proche confidente de Whistler. Frederick Leyland accusa même Whistler d'avoir une liaison avec sa femme, ce qui était probablement le cas (le peintre fut également brièvement fiancé à sa sœur). En 1879, les Leyland se séparent. Ce portrait est l'un des chefs-d'œuvre de Whistler, une image célèbre de la beauté, qui reflète l'influence de l'art classique grec et japonais sur le mouvement esthétique. Après la mort de Mᵐᵉ Leyland, en 1910, sa fille, Florence – veuve de l'artiste Valentine « Val » Prinsep –, hérita du portrait, qui fut plus tard proposé à Frick par Alice B. Creelman, devenue marchande d'art et intermédiaire à New York, notamment après la mort de son mari, le journaliste James Creelman. Entre 1915 et 1918, Creelman joue un rôle dans la vente à Frick d'au moins trois tableaux majeurs – un Titien, un Holbein et un Van Dyck –, et elle lui proposera plusieurs autres œuvres. Le 17 février 1917, Creelman lui vend le portrait de Leyland dans le cadre d'un accord commercial plutôt inhabituel. Elle avait demandé 60 000 dollars (ce que Frick avait payé trois ans auparavant pour le Montesquiou), mais au lieu de cela, Frick prête 20 000 dollars à Creelman contre le portrait et paie les 40 000 dollars restants le même jour. Knoedler s'est probablement renseigné sur le portrait pour le compte de Frick. Le 8 novembre de la même année, Charles Freer écrivait à Roland Knoedler :

> Je connais le tableau depuis de nombreuses années, je l'ai vu pour la première fois lorsqu'il était encore en possession de Mᵐᵉ Leyland et il m'a impressionné par la manière dont il rend la merveilleuse grâce naturelle du sujet.

56   Sur les trois pastels, voir MacDonald 1995, p. 270, 288-289, 299-300, nᵒˢ738, p. 779, 799 ; S. Grace Galassi dans Davidson *et al.* 2003, p. 114-123

57   Concernant le portrait, voir Davidson et Munhall 1968, p. 11-13 ; McLaren Young, MacDonald et Spencer 1980, p. 65-66, nᵒ 106 ; S. Grace Galassi dans cat. exp. New York 2003, p. 95-115.

J'ai eu l'occasion de rencontrer assez fréquemment Mme Leyland dans le hall de sa maison londonienne, où le tableau a été accroché pendant de nombreuses années. Plus tard, à plusieurs reprises, on m'a demandé de faire des offres pour ce trésor, mais en raison de considérations personnelles, j'ai refusé de le faire. Lorsqu'il a été apporté dans ce pays, il y a environ un an, on m'a montré le tableau peu après, mais pour les raisons mentionnées plus haut, j'ai refusé de négocier avec les femmes qui le proposaient alors à la vente[58].

Le dernier Whistler acheté par Frick est *Harmonie en rose et gris : portrait de Lady Meux* (**CAT. 46**)[59]. Née Valerie « Val » Susan Langdon, également connue sous le nom de Valerie Susan Reece, la modèle, épouse du riche brasseur Sir Henry Bruce Meux, était connue pour sa flamboyance. Whistler l'a portraiturée à trois reprises en 1881, d'abord dans *Arrangement en noir, n° 5 : Lady Meux*, puis dans *Harmonie en rose et gris*, et enfin dans *Harmonie en cramoisi et brun*, que Whistler détruira. Après la mort de Lady Meux, *Harmonie en rose et gris* est revenu par héritage à son fils adoptif, Sir Hedworth Meux, qui l'a mis sur le marché, cette fois par l'intermédiaire de Joseph Duveen. En janvier 1921, Duveen relate les circonstances entourant cette acquisition :

J'ai vu le tableau pour la première fois en novembre 1917. J'ai dit à son propriétaire que je ne vendais pas de tableaux modernes mais qu'à mon retour en Amérique, j'essaierais de voir mon ami, M. Scott, et que je lui en parlerai. De retour à Londres à l'automne 1918, j'ai entamé des négociations avec M. Scott, et j'ai finalement acheté le tableau pour lui l'année suivante. Lorsque le tableau est arrivé à New York, j'ai été tellement impressionné par la renommée accrue qu'il avait acquise, par son raffinement et sa grandeur que j'ai pensé qu'il méritait d'être présenté à M. Frick. Il savait pertinemment que le tableau n'avait pas été acheté spécialement pour lui et il comprenait parfaitement les circonstances dans lesquelles je l'avais acquis. J'ajoute qu'au moment où la facture a été envoyée à M. Frick, le 21 février 1919, la valeur marchande du tableau était de 125 000 dollars ; elle a atteint aujourd'hui les 150 000 dollars. J'étais tout à fait conscient de ce qu'il valait sur le marché quand j'ai pris contact avec M. Frick, mais ce n'est qu'un exemple, parmi de nombreux autres, où je lui ai proposé quelque chose sans le moindre profit pour mon entreprise.

Dans une lettre du 12 mai 1969 adressée à Harry D. M. Grier, directeur de la Frick Collection, Edward Fowles, de Duveen Brothers, fournit des précisions sur la transaction. Le 16 octobre 1917, Joseph Duveen avait rendu visite à Sir Hedworth Meux dans sa demeure campagnarde de Theobald's Park :

58   Cette lettre, de même que toute la documentation sur les acquisitions par Frick d'œuvres de Whistler, se trouve dans les Art Collecting Files of Henry Clay Frick, New York The Frick Collection/Frick Art Reference Library Archives.

59   Sur ce portrait, voir Davidson et Munhall 1968, p. 18-20 ; McLaren Young, MacDonald et Spencer 1980, p. 129, n° 229 ; S. Grace Galassi dans cat. exp. New York 2003, p. 159-178.

Il y avait deux portraits de Lady Meux, l'un peint lorsqu'elle était jeune et jolie, intitulé « Harmony in Grey and Rose », l'autre alors qu'elle était entre deux âges. Sir Joseph n'aimant que le tableau de la jeune femme séduisante, il a déclaré qu'il serait prêt à l'acheter à l'issue des hostilités, car Londres était alors bombardée. En novembre 1918, après l'armistice, le portrait a été apporté à Londres et je suis allé le voir avec Sir Joseph à la brasserie Meux, à l'angle de New Oxford Street et de Tottenham Court Road. L'achat a été conclu et le tableau a été expédié à New York peu de temps après. Une participation pour moitié a été vendue à Scott & Fowles.

Dans les faits, Duveen a vendu le portrait à Frick pour 10 000 livres, soi-disant au prix coûtant, en y ajoutant « les frais d'emballage et de sortie du pays », « le fret et l'assurance maritime », et 15 000 dollars de profit pour les marchands Scott & Fowles, ce qui portait le total à 67 842,33 dollars, soit à peine plus que le portrait de Mme Leyland. Le 21 février 1919, Frick reçoit la facture. Le 28 mars, Duveen écrit à nouveau à Frick : « Il y a une autre somme à payer à un certain M. Croal Thomson, que j'ai rencontré, assez curieusement, sur le pas de la porte du propriétaire, le matin où j'y suis allé pour décider de l'achat. Dans la mesure où il risquait d'être un concurrent, j'ai dû lui promettre quelque chose pour qu'il se retire. » David Croal Thomson, autre marchand d'art britannique, avait été l'un des principaux marchands de Whistler dans les années 1890. Il avait joué un rôle déterminant en 1891, par exemple, dans la vente au musée du Luxembourg d'*Arrangement en gris et noir n° 1 : portrait de la mère de l'artiste* (CAT. 80). Il semble que Sir Hedworth Meux ait proposé le portrait à plusieurs marchands et que Duveen ait payé Croal Thomson pour l'empêcher de faire une offre. Le 12 février 1919, Croal Thomson écrit à Duveen pour lui demander 10 % du prix de vente. Frick, bien sûr, refuse de payer le supplément : « Je souhaite que vous m'envoyiez une facture corrigée. Il n'y a aucune raison pour que Scott perçoive un bénéfice ; c'est parfaitement ridicule – l'idée de 15 000 dollars ! Nous étions convenus que je devais avoir le tableau au prix coûtant, et je ne propose pas que vous payiez quoi que ce soit à Scott. »

Quand les trois premiers tableaux lui ont été adressés, Frick occupait encore la maison de Vanderbilt, mais quand la plupart des autres sont arrivés, il avait emménagé au 1, 70e Rue Est. L'inventaire dressé en 1920 après sa mort, et annoté entre 1931 et 1936 – à l'époque où, après la mort d'Adelaide Frick, la maison était transformée en musée –, précise les emplacements où les œuvres étaient accrochées[60]. Trois des tableaux se trouvaient dans le bureau de Frick, au rez-de-chaussée. Le portrait de Rosa Corder était derrière son bureau (FIG. 8), ceux de Lady Meux et de Frances Leyland étaient sur le mur opposé, de part et d'autre de la cheminée, au-dessus de laquelle trônait le portrait

60   Inventaire des biens d'Henry Clay Frick, 1920, avec annotations et pages ajoutées, 1931-1936, New York, The Frick Collection/ Frick Art Reference Library Archives.

de George Washington par Gilbert Stuart (**FIG. 9**), autre tableau acheté en 1919. La pièce a été démolie en 1932-1935 pour faire place à la salle Ovale, conçue par John Russell Pope. Celui de Montesquiou était sur le palier et hall du premier étage, en même temps que *L'Océan* (**FIG. 6**) et *La Promenade* de Renoir (**FIG. 38**). Les douze gravures de Venise se trouvaient au même étage, accrochées ensemble dans le hall sud (plus intime). Du vivant de Frick, les pastels étaient sur les murs nord (*Le Cimetière*), sud (*Nocturne*) et est (*Canal vénitien*) du hall du deuxième étage, devant les chambres d'amis. Le 9 juillet 1932, ils ont été décrochés et entreposés dans le coffre-fort du garde-manger.

Frick n'a pas profité très longtemps de ses vingt Whistler, n'ayant cohabité avec eux que durant les cinq dernières années de sa vie. Ces œuvres représentent néanmoins son dernier acte de collectionneur, qui avait retrouvé à bien des égards son intérêt du début pour l'art contemporain, associé à son goût ultérieur pour les maîtres anciens. On peut considérer que les Whistler marquent l'apogée de sa collection, notamment dans le genre du portrait. Dans de nombreux domaines, Frick a réussi à acheter des chefs-d'œuvre sur des périodes très courtes. Il est extraordinaire de penser que vingt Whistler de cette importance et de cette qualité sont entrés dans la collection en l'espace de cinq ans. Ils constituent désormais l'une des gloires de la Frick Collection.

Épilogue

Entre la mort d'Henry Clay Frick, en 1919, et celle de sa veuve Adelaide, le 4 octobre 1931, l'hôtel particulier du 1, 70ᵉ Rue Est a relativement peu changé. Frick souhaitait que la maison et sa collection deviennent une institution publique, mais il avait pris des dispositions pour que sa veuve puisse continuer à y vivre. Une fondation fut créée et, avant même la mort d'Adelaide, quelques œuvres furent acquises pour le futur musée : des achats principalement guidés par la fille de Frick, Helen Clay, qui s'intéressait plus particulièrement au début de la Renaissance italienne et à l'art français du XVIIIᵉ siècle. Y figuraient des tableaux de Filippo Lippi (1924), Chardin (1926), Duccio di Buonisegna (1927), Paolo Veneziano (1930) et, surtout, le portrait de la comtesse d'Haussonville par Ingres (1927).

À la mort d'Adelaide, la maison fut réaménagée et adaptée à sa nouvelle fonction de musée public. L'architecte John Russell Pope fut chargé d'ajouter plusieurs espaces au bâtiment d'origine : ainsi, entre 1931 et 1935, un nouveau hall d'entrée est construit ; une cour intérieure devient la cour-jardin, à côté de laquelle sont ajoutées deux nouvelles galeries – la salle Ovale et la galerie Est – pour créer une enfilade avec la galerie de peintures de Frick (rebaptisée galerie Ouest). Une salle de conférences (appelée salle de Musique) est également construite. Le musée est officiellement ouvert au public le 16 décembre 1935, soit seize ans après la mort du collectionneur.

La construction de la salle Ovale a obligé à démolir le bureau de Frick, mais les trois portraits de Whistler qui y étaient accrochés, ainsi qu'un quatrième qui se trouvait à l'étage, ont trouvé un nouvel emplacement dans le même lieu transformé (**FIG. 42**), où ils sont exposés la majorité du temps, avec des passages intermittents dans la galerie Est. En raison de leur fragilité, les pastels et les gravures de Whistler ne sont exposés qu'occasionnellement.

En 2020, la Frick Collection a entrepris de rénover les bâtiments, plus d'un siècle après leur construction et après quatre-vingt-cinq ans de fonctionnement en tant que musée public. L'opération, conçue par Selldorf Architects, prévoit une restauration complète de la maison et l'ajout de nouveaux espaces publics, notamment au premier étage, qui abritent des bureaux depuis 1935. En attendant, la collection est hébergée dans le bâtiment créé en 1966 par Marcel Breuer pour le Whitney Museum of American Art. Les portraits de Whistler y sont, là encore, présentés dans une seule et même salle, quoique dans un cadre austère et minimaliste. Lors de la réouverture du musée, ils retrouveront leur place dans la salle Ovale restaurée.

Salle Ovale de la Frick Collection, avec le *Portrait de Mrs. Frances Leyland* (**CAT. 45**) et le *Portrait de Miss Rosa Corder* (**CAT. 44**) de Whistler, 1935

Œuvres exposées

43 *Symphonie en gris et vert : l'Océan*, 1866
Huile sur toile, 80,6 × 101,9 cm

44 *Arrangement en brun et noir : portrait de Miss Rosa Corder*, 1876-1878
Huile sur toile, 192,4 × 92,4 cm

45   *Symphonie en couleur chair et rose : portrait de Mrs. Frances Leyland,* 1871-1874
Huile sur toile, 195,9 × 102,2 cm

46   *Harmonie en rose et gris : portrait de Lady Meux*, 1881-1882
Huile sur toile, 193,7 × 93 cm, non exposée

47   *Arrangement en noir et or : comte Robert de Montesquiou-Fezensac*, 1891-1892
Huile sur toile, 208,6 × 91,8 cm

48   *Le Cimetière : Venise*, 1879
Pastel et traces de dessin au crayon graphite sur papier teinté brun, 20,3 × 30,1 cm
49   *Nocturne : Venise*, 1880
Pastel sur papier teinté brun, 20,3 × 30,2 cm

50 *Canal vénitien*, 1880
Craie noire et pastel sur papier teinté brun, 30,1 × 20,5 cm

51 *Première suite vénitienne : La Petite Venise*, 1880
Eau-forte et pointe sèche sur papier vélin, 18,7 × 26,7 cm
52 *Première suite vénitienne : La Petite Lagune*, 1880
Eau-forte et pointe sèche sur papier vélin, 22,8 × 15,2 cm

53 *Première suite vénitienne : Nocturne*, 1880
Eau-forte et pointe sèche sur papier vélin, 20,3 × 29,5 cm

54 *Première suite vénitienne: La Piazzetta*, 1880
Eau-forte et pointe sèche sur papier vélin, 25,4 × 20 cm
55 *Première suite vénitienne: La Riva, nº 1*, 1880
Eau-forte et pointe sèche sur papier vélin, 20,2 × 29,5 cm

56 *Première suite vénitienne*: *Le Mât*, 1880
Eau-forte et pointe sèche sur papier vélin, 34,3 × 15,2 cm
57 *Première suite vénitienne*: *Le Petit Mât*, 1880
Eau-forte et pointe sèche sur papier vélin, 26,7 × 18,8 cm

58   *Première suite vénitienne: Le Traghetto, nº 2*, 1880
Eau-forte et pointe sèche sur papier vélin, 24,1 × 30,5 cm
59   *Première suite vénitienne: Deux porches*, 1880
Eau-forte et pointe sèche sur papier vélin, 20,3 × 29,2 cm

60 *Première suite vénitienne: Les Palais*, 1880
Eau-forte et pointe sèche sur papier vélin, 25,4 × 35,9 cm

61 *Première suite vénitienne : Les Mendiants*, 1880
Eau-forte et pointe sèche sur papier vélin, 30,3 × 21 cm

62 *Première suite vénitienne : Le Porche*, 1880
Eau-forte et pointe sèche sur papier vélin, 29,2 × 20 cm

63 Anonyme, *Whistler assis*, vers 1860-1865, photographie, Washington D.C., Freer Gallery of Art

« Une somme
d'énigmes qui donnera
sans cesse à rêver
au spectateur ».
Œuvres de James
McNeill Whistler
de la collection
d'Henry Clay Frick

« Ce portrait de Monsieur de Montesquiou sera un jour considéré comme un tableau d'histoire, cela est certain […]. C'est un singulier mélange, délicatement dosé, de hardiesse et de finesse, d'ironie et de mélancolie. D'ailleurs il en est de ce portrait comme de tous les beaux portraits. Il contient une somme d'énigmes qui donnera sans cesse à rêver au spectateur. »
    Gustave Geffroy, « Notes sur le Salon, II – Whistler »,
    La Justice, 26 avril 1894, p. 1

Henry Clay Frick (1849-1919) a réuni à la fin de sa vie un des plus importants ensembles d'œuvres du peintre américain James McNeill Whistler (1834-1903)[1]. Comprenant aussi bien des œuvres des débuts que de la fin de la carrière de l'artiste, des paysages que des portraits – les deux genres majeurs qu'il pratique –, et une variété de médiums (cinq peintures, trois pastels, douze eaux-fortes), la collection de Frick donne à voir avec clarté et évidence ce que fut l'art de Whistler, ses idées sur l'art, ses obsessions et ses recherches techniques. L'étude de ces œuvres que nous nous proposons de faire ici raconte aussi la vie mouvementée d'un des artistes les plus originaux du XIXe siècle, trait d'union entre les États-Unis, la France et la Grande-Bretagne, et nous permet d'approcher les moments clés du développement de son art: l'invention des *Nocturnes* lors du voyage de Whistler au Chili en 1866, la grande rénovation du genre du portrait par l'*aestheticism* au cours des années 1870, l'invention d'un nouveau langage graphique dans le domaine du paysage grâce aux pastels et eaux-fortes réalisés à Venise au tournant des années 1880, et enfin le triomphe du «whistlérisme» en Europe et particulièrement en France au début de la décennie suivante. Toutes ces œuvres témoignent de l'inlassable combat de Whistler pour défendre une vision radicale de l'œuvre d'art, le plus souvent incomprise de ses contemporains, et toutes peuvent être considérées comme des contributions majeures à l'histoire de l'art du XIXe siècle.

1. Les débuts

Un Américain à Paris

James Whistler est né à Lowell, dans le Massachusetts, le 11 juillet 1834[2]. Il est le fils de George Washington Whistler, ingénieur des travaux publics, et d'Anna Matilda McNeill. Plus tard, James ajoutera ce nom à celui de son père. Après avoir vécu plusieurs années aux États-Unis, la famille Whistler s'installe en 1843 en Russie, à Saint-Pétersbourg, où George Washington a été appelé pour superviser l'établissement d'une ligne de chemin de fer entre Moscou et Saint-Pétersbourg. À l'Académie impériale des beaux-arts, le jeune James suit des premiers cours de dessin qui participent à l'éveil de sa vocation d'artiste. Celle-ci se confirme lorsque l'adolescent se rend à plusieurs reprises dans la capitale de l'Empire britannique dans les années 1840. Il y rencontre son beau-frère, le chirurgien et graveur à l'eau-forte amateur Francis Seymour Haden, qui lui montre sa collection d'estampes, et visite les grands musées londoniens. À la mort de George Washington Whistler, la famille s'installe un temps à Londres puis dans le Connecticut. James, comme le veut la tradition familiale, entre à la prestigieuse académie militaire de West Point, où il se fait remarquer pour ses talents

1   Je remercie chaleureusement Xavier F. Salomon, et Rebecca Leonard, pour l'aide qu'ils m'ont apportée dans la préparation de ce texte. Parmi les nombreuses recherches menées sur la vie et l'œuvre de Whistler qui ont nourri cet essai, je tiens à saluer les indispensables publications d'Edgar J. Munhall, conservateur à la Frick Collection de 1965 à 2000, et de Susan G. Galassi, conservatrice en chef honoraire à la Frick Collection. Sur Henry Clay Frick et l'histoire de sa collection, voir l'essai de Xavier F. Salomon dans le présent ouvrage, p. 21.

2   Pour les éléments de biographie, voir Londres, Paris, Washington 1995, ainsi que Sutherland 2018.

de dessinateur mais aussi renvoyer pour ses mauvais résultats.
Cherchant à gagner sa vie, il travaille un temps au Bureau
des cartes marines à Washington, où il apprend l'eau-forte,
technique qui devient son premier moyen d'expression artistique.

À l'âge de vingt et un ans, Whistler se décide à devenir
artiste et quitte définitivement l'Amérique pour l'Europe.
Via Londres et Le Havre, il arrive à Paris le 2 novembre
1855. Il peut y voir la grande Exposition universelle
de Napoléon III – où sont réunis des milliers d'œuvres d'art –
et le « Pavillon du réalisme » de Gustave Courbet. Menant
une douce et joyeuse vie de bohème dans le Quartier latin,
Whistler se forme dans l'atelier du peintre suisse Charles Gleyre,
visite les expositions et fait des copies au Louvre ou au musée
du Luxembourg. Mais sa sensibilité le porte moins vers
la grande peinture d'histoire et les maîtres académiques que vers
le réalisme des maîtres espagnols et hollandais du XVIIe siècle,
particulièrement Velázquez et Hals. Dans le domaine
de la gravure, Rembrandt est le maître de Whistler, qui choisit
la technique plus spontanée de l'eau-forte, laquelle lui permet
de dessiner à même la plaque de cuivre. Il réalise une première
série d'estampes, la *Suite française*, imprimée en 1858 chez
Auguste Delâtre. Dans ces figures populaires et ces scènes
de genre, Whistler se fait l'émule des maîtres hollandais,
mais aussi des peintres réalistes français de son temps. Inspirée
par un voyage à Cologne, *La Marchande de moutarde* (**FIG. 64**)
montre déjà le goût de Whistler pour les contrastes entre
l'intérieur et l'extérieur, qui permettent des effets de clair-obscur,
tout comme les figures sur des seuils. C'est avec cette eau-forte
que le jeune artiste fait son entrée au Salon parisien, en 1859.
La même année, il fait la connaissance dans les galeries
du Louvre d'Henri Fantin-Latour, qui lui présente bientôt
toute une bande de jeunes artistes ou écrivains réalistes parmi
lesquels Alphonse Legros, Carolus-Duran, Félix Bracquemond,
Zacharie Astruc, et bien sûr Courbet. L'influence du maître
d'Ornans se lit particulièrement dans les toutes premières
peintures de Whistler, comme cet *Homme à la pipe* (**CAT. 65**),
figure de colporteur rencontré aux Halles[3].

Entre l'Angleterre et la France
À partir de la fin des années 1850, Whistler se met à faire
des allers-retours fréquents entre la France et l'Angleterre,
cherchant là-bas aussi bien des débouchés commerciaux
qu'un climat plus libéral et plus ouvert aux innovations. En 1859,
l'artiste s'est en effet vu refuser par le jury du Salon son premier
chef-d'œuvre, *Au piano* (**FIG. 66**), finalement montré dans l'atelier
du peintre François Bonvin et qui vaut à Whistler les félicitations
de Courbet. Le tableau représente sa demi-sœur Deborah Delano
Whistler – épouse du graveur Haden – au piano, avec sa fille
Annie, dans le salon de musique de leur résidence londonienne.
Si la facture épaisse et les couleurs opaques doivent beaucoup

3   Pennell 1913, p. 51.

64 *La Marchande de moutarde*, 1858, eau-forte et pointe sèche, 15,7 × 8,9 cm, Paris, Bibliothèque nationale de France

à l'influence de Courbet et au courant réaliste français, le jeu
sur les accords de tons noir-blanc, rouge-vert, sur les lignes
orthogonales ou courbes, et le sujet non narratif et « abstrait »
(la musique et l'écoute silencieuse) témoignent déjà de ce qui sera
la grande préoccupation de l'artiste tout au long de sa vie, à savoir
la quête d'une beauté purement plastique, détachée de l'histoire,
de la morale ou des exigences sociales de l'époque. Au Salon
de la Royal Academy à Londres, où le tableau est accepté, il fait
l'admiration des peintres et poètes préraphaélites John Everett
Millais, William Holman Hunt et William Michael Rossetti,
et même du président de la Royal Academy, Sir Charles Eastlake.

Au cours des années 1860, Whistler fait le lien entre
les cercles réalistes français et les courants d'avant-garde anglais,
préraphaélisme puis *Aesthetic Movement*. Membre de la « Société
des Trois », fondée avec Fantin-Latour et Legros en 1858[4], il œuvre
notamment à trouver des amateurs à Londres pour les peintures
de ses amis français, tout en important lui-même là-bas certaines
idées françaises. Cette double orientation, qui devra caractériser
toute l'œuvre de Whistler à venir, apparaît avec force et dans
toute sa singularité avec *Symphonie en blanc n° 1 : la fille blanche*
(**FIG. 67**), synthèse originale des idées *aesthetic* (créer une œuvre
dont le sujet même est le beau) et des expérimentations réalistes
(affirmer la matérialité de la peinture par des effets de matière
et une facture visible). Pour ce tableau peint dans l'atelier parisien
de Whistler pendant l'hiver 1861-1862, l'artiste fait poser sa jeune
maîtresse, l'Irlandaise « Jo » (Joanna Hiffernan), dans une simple
robe blanche, tenant à la main un lys blanc, devant un rideau blanc.
Les seules touches de couleur sont la chevelure auburn et le tapis
couvert d'une peau de loup. Aucun détail, aucune expression
sur le visage de la jeune femme ne vient suggérer une quelconque
histoire ou anecdote et détourner notre regard des effets
purement plastiques. Refusé aussi bien par le jury de la Royal
Academy en 1862 que par celui du Salon parisien l'année suivante,
l'œuvre est d'abord présentée sous le nom *The Woman in White*
chez le marchand Matthew Morgan à Londres en 1862, puis
comme *Dame blanche* au Salon des Refusés organisé en 1863
à Paris, où il voisine avec *Le Bain* d'Édouard Manet[5]. La critique
se déchaîne alors, reprochant à l'artiste l'allure douteuse de la jeune
femme (comparée à une prostituée, à une jeune vierge le lendemain
de ses noces ou à un médium), la touche trop esquissée en certains
endroits, et finalement l'absence totale de narration ou de sens
à l'œuvre. Seul le critique Paul Mantz semble comprendre le défi
que s'était lancé Whistler avec ce tableau « qui n'est pas autre chose
que la symphonie du blanc[6] ». Car c'est bien là que réside l'intérêt
du tableau : « Mon tableau représente une jeune fille vêtue de blanc,
debout devant un rideau blanc[7] », écrit Whistler à la presse pour
expliquer sa peinture mais aussi pour exprimer avec quelque peu
de provocation son idéal *aesthetic* d'autonomie de l'œuvre d'art.
En cela, il rejoint également les idées de « l'art pour l'art » défendues
plus tôt en France par Théophile Gautier ou Charles Baudelaire.

4   Sur la « Société
    des Trois », voir Munro
    et Stirton 1998.

5   Nom original
    du *Déjeuner sur l'herbe*
    lors de sa présentation
    au Salon des Refusés.

6   Paul Mantz, « Salon
    de 1863. III », *Gazette
    des beaux-arts*, t. XV,
    1863, p. 61.

7   Traduction de la lettre
    de Whistler
    à l'*Athenaeum*, 1ᵉʳ juillet
    1862 ; repris dans
    Whistler 1994, p. 12.

65 (CAT.) *Tête de vieux fumant une pipe*, dit aussi *L'Homme à la pipe*, vers 1859, huile sur toile, 41 × 33 cm, Paris, musée d'Orsay

Au piano [*At the Piano*], 1858-1859, huile sur toile, 67 × 91,6 cm, Cincinnati, The Taft Museum

67 *Symphonie en blanc nº 1 : la fille blanche* [*Symphony in White, No. 1 : The White Girl*], 1862, huile sur toile, 213 × 107,9 cm, Washington, National Gallery of Art

Henri Fantin-Latour, *Hommage à Delacroix*, 1864, huile sur toile, 160 × 250 cm, Paris, musée d'Orsay

Cette place centrale de Whistler, désormais célèbre des deux côtés de la Manche, se lit dans le grand portrait collectif peint par son ami Fantin-Latour en 1864, *Hommage à Delacroix* (**FIG. 68**), qui réunit notamment Edmond Duranty, Bracquemond, Fantin-Latour, Champfleury, Manet, Legros et Baudelaire. Whistler, représenté de dos se retournant vers le spectateur, est placé au premier plan de ce groupe d'« artistes contestés rendant hommage à la mémoire de l'un des grands contestés de ce temps[8] », selon les mots de Duranty. Outre la figure tutélaire d'Eugène Delacroix, le goût précoce pour les arts du Japon réunit une grande partie de ces hommes. Whistler, aux côtés de Manet, Baudelaire, Bracquemond, mais aussi James Tissot ou Dante Gabriel Rossetti, se prend de passion pour ces objets qui affluent en Europe depuis l'ouverture forcée du pays en 1858 au commerce occidental. Présentés à l'Exposition universelle de Londres en 1862, vendus par les époux Desoye dans leur boutique de la rue de Rivoli ou à La Porte chinoise rue Vivienne, céramiques, estampes, textiles et objets circulent désormais dans les ateliers. Ils inspirent d'abord à Whistler un premier ensemble de peintures où de jeunes Occidentales travesties en Orientales vivent entourées de ces objets, comme *La Princesse du pays de la porcelaine* (**FIG. 69**). Si ces compositions participent d'une forme d'exotisme et ne témoignent pas encore d'une vraie assimilation des principes esthétiques japonais, elles proclament haut et fort la fin de l'hégémonie du « Beau idéal » classique et la volonté du peintre d'ouvrir l'art à d'autres modèles.

2. *Symphonie en gris et vert : l'Océan*

Paysages de mer

C'est dans le genre du paysage que l'influence des arts extrême-orientaux – notamment l'estampe japonaise – va se révéler déterminante chez Whistler, aboutissant au rejet du réalisme et d'un art de l'observation pour un art de la mémoire et de la suggestion.

Au début des années 1860, Whistler effectue deux séjours en Bretagne puis au Pays basque, au cours desquels il réalise plusieurs vues de bords de mer. *Bleu et argent : la vague bleue, Biarritz* (Farmington, Hill-Sead Museum) témoigne de l'influence de la peinture romantique et réaliste. La couleur est déposée en pâte épaisse et opaque et Whistler s'applique à représenter précisément l'apparence des vagues, des nuages, le détail des rochers, usant de vigoureux coups de pinceau pour rendre les différentes textures et le mouvement de l'écume. C'est devant les eaux de la Tamise, à Londres, que l'artiste va progressivement simplifier sa manière. Dans la technique de l'eau-forte, Whistler réalise d'abord la *Suite de la Tamise*, imprimée chez Delâtre à Paris. Exposée chez Louis Martinet en 1862, elle lui vaut d'être remarqué par Baudelaire : « Tout récemment, un jeune artiste américain, M. Whistler exposait à la galerie Martinet une série d'eaux-fortes

8   Edmond Duranty, « Ceux qui seront les peintres », *Almanach parisien pour 1867*, Paris, 1867, p. 13.

subtiles, éveillées comme l'improvisation et l'inspiration
représentant les bords de la Tamise[9]... ». En peinture, Whistler
se place le plus souvent en hauteur, depuis sa fenêtre, et observe
l'activité aux abords du vieux pont de Battersea qui fait face
au quartier un peu excentré de Chelsea où vit l'artiste (**FIG. 70**).
S'il cherche encore à décrire ce qu'il voit, Whistler use d'une
peinture plus fluide, expérimente des effets de glacis transparents,
réduit sa palette et supprime les détails non nécessaires
à sa composition. La ligne d'horizon située haut dans le tableau,
les couleurs posées presque en aplats, la distribution asymétrique
mais équilibrée de quelques figures et navires, témoignent
de l'influence de l'esthétique des estampes japonaises.

Quelques mois après avoir présenté ce tableau à l'exposition
de la Royal Academy à Londres au printemps 1865, Whistler se rend
à Trouville, en octobre, en compagnie de Jo. Ils y retrouvent Courbet,
qui parle de Whistler comme « mon élève » dans une lettre à sa sœur
et fait le portrait de *La Belle Irlandaise* (1865-1866, New York,
The Metropolitan Museum of Art). À sa manière, le peintre
américain rend hommage à son aîné en ajoutant sa silhouette
à *Harmonie en bleu et argent : Trouville* (**FIG. 71**), tableau qui évoque
par sa composition extrêmement dépouillée et le rapport de la figure
à l'horizon infini le *Bord de mer à Palavas* de Courbet (1854,
Montpellier, musée Fabre). Alors que Trouville devient la station
balnéaire la plus prisée de France et que se pressent sur la plage
les élégantes en villégiature et les cabines de bain, Whistler choisit
le moment où toute cette petite société a disparu pour représenter
le bord de mer. L'extrême économie de moyens, la légèreté
de la peinture, appliquée en couches diluées, et l'importance du vide,
que souligne d'autant mieux la figure au premier plan, font de cette
œuvre une des plus radicales de l'artiste à cette date.

L'aventure chilienne

C'est au Chili, en 1866, que Whistler poursuit et développe ses
recherches sur les paysages de mer. « De toutes les aventures
de Whistler, et Dieu sait s'il en eut d'extraordinaires, ce voyage
à Valparaiso est certainement la plus invraisemblable[10] », écrivent
les biographes du peintre, Elizabeth et Joseph Pennell, en 1908.
Les raisons du départ de l'artiste pour l'Amérique du Sud
et sa participation au conflit qui oppose alors l'Espagne au Chili ont
longtemps été obscures, et sujettes à de nombreuses conjectures.
On a pu l'interpréter comme une manière pour Whistler de fuir
son art alors qu'il est en proie à d'importants doutes sur son travail
et n'arrive pas à mener à bien un projet de tableau de très grand
format sur le thème de l'atelier. Peut-être, lui qui a étudié à West
Point mais n'a pas participé à la guerre de Sécession comme son
jeune frère William, souhaite-t-il prouver sa valeur et acquérir
des états de service ? Ou bien encore interprète-t-il ce conflit entre
les rebelles de la République du Chili contre la Couronne d'Espagne
comme un combat pour la liberté ? La situation en Amérique
du Sud est en réalité plus complexe. À la suite de l'invasion par

9 Charles Baudelaire,
« L'eau-forte
est à la mode »,
Revue anecdotique,
2ᵉ quinzaine d'avril
1862, repris dans
Charles Baudelaire,
*La Passion des images.
Œuvres choisies*,
Henri Scepi, éd., Paris,
Gallimard, 2021,
p. 701.

10 Pennell 1913, p. 88.

69 *La Princesse du pays de la porcelaine*, 1863-1864, huile sur toile, 201,5 × 116,1 cm, Washington D.C., Freer Gallery of Art

70 *Brun et argent: le vieux pont de Battersea* [*Brown and Silver: Old Battersea Bridge*], 1859-1863, huile sur toile marouflée sur aggloméré, 63,8 × 76 cm, Andover, Addison Gallery of American Art, Phillips Academy, Gift of Cornelius N. Bliss, 1928-55

Harmonie en bleu et argent : Trouville [*Harmony in Blue and Silver : Trouville*], 1865, huile sur toile, 51 × 76,7 cm, Boston, Isabella Stewart Gardner Museum

l'Espagne des îles péruviennes de Chincha, le Pérou, le Chili,
la Bolivie et l'Équateur font alliance contre la puissance européenne,
et le Chili décrète un embargo sur les navires espagnols. Le conflit
s'envenime et le Chili finit par déclarer la guerre à l'Espagne
en 1865, qui de son côté envoie sa flotte faire le blocus et menacer
le grand port de Valparaiso. La Grande-Bretagne, les États-Unis
et la France envoient alors des navires sur place pour s'interposer
et protéger leurs ressortissants.

 Whistler racontera les raisons de son départ de cette façon :
« À ce moment-là, beaucoup d'anciens combattants de l'armée
du Sud, devenus par nécessité des aventuriers, erraient dans
Londres, à la recherche d'une entreprise qui voulût bien de leurs
services. Je ne sais au juste ce qui se passa, mais tout cela aboutit
à un projet d'expédition pour aller au secours des Chiliens,
et aussi, j'ignore pour quelle raison, des Péruviens. De toute
manière, il s'agissait de prêter main-forte contre les Espagnols
à des Américains du Sud. Quelques-uns des réfugiés vinrent
me trouver et me demandèrent de me joindre à l'expédition,
en ma qualité d'ancien de West Point. Tout fut conclu dans
le cours d'une après-midi. J'avais à peine accepté que j'étais déjà
embarqué, à Southampton, sur un vapeur en partance pour
Panama[11]. » Comme l'a montré Daniel Sutherland, grâce à de
nouveaux documents exhumés en 1998 au Victoria and Albert
Museum, ce qui ressemble à une hasardeuse aventure est en réalité
une expédition précisément planifiée par d'anciens confédérés,
dont le propre frère du peintre, et par Whistler lui-même, pour
gagner de l'argent en vendant des armes (des torpilles d'un nouveau
genre) à la marine chilienne[12]. L'artiste quitte l'Angleterre
le 2 février 1866, à bord de l'*Henrietta* – ayant pris soin de rédiger
un testament en faveur de sa compagne Jo et une procuration
pour qu'elle puisse gérer ses affaires en son absence –, et arrive
à Valparaiso le 12 mars. Whistler joue alors là-bas un rôle d'espion,
observant et notant les mouvements des navires, rencontrant
des officiers jusqu'au bombardement final de la ville par la flotte
espagnole le 31 mars. Whistler et les Chiliens ont alors fui la ville,
tout comme les navires étrangers ont quitté le port et laissé la voie
libre aux Espagnols[13]. Alors que le conflit se déplace vers le Pérou
et que la mission de vente des torpilles devient sans objet, Whistler
reste dans la région, jusqu'en septembre 1866, et profite de ce temps
pour peindre une série de marines[14].

 Il est possible que Whistler ait déjà réalisé deux tableaux
pendant le voyage qui le mène de Southampton à Valparaiso,
sur des toiles emportées par lui avant son départ. C'est le cas
de *Nocturne : The Solent* (1866, Tulsa, Gilcrease Museum)[15].
La peinture *Crépuscule en couleur chair et vert : Valparaiso*
(FIG. 73) a peut-être été commencée par le peintre dès le 30 mars
1866, c'est-à-dire la veille du bombardement. On y voit en effet
des manœuvres navales dans le port de Valparaiso, sans doute
le départ des navires américains et européens laissant la place
aux Espagnols[16]. Whistler dépeint avec précision les cuirassés,

11 Pennell 1913, p. 90.
12 Voir Sutherland 2008.
13 Pennell 1913, p. 90.
14 Sutherland 2008,
  p. 67-68.
15 Londres, Paris,
  Washington 1995,
  p. 116-117.
16 *Ibid.*, p. 117.

frégates, corvettes dans la baie tout en travaillant à un audacieux jeu de couleurs entre le ciel éclairé des derniers feux du soleil couchant et la mer qui s'assombrit. Alors que le tableau est exposé à la French Gallery à Londres en 1867, le peintre Edwin Edwards remarque que «tout cela sans premier plan ou sans fond ou tous les deux, sans clair-obscur ou que tout est clair ou tout obscur. C'est un tableau qui a beaucoup d'ensemble mais cependant on pourra le couper en trois ou quatre ou cinq pièces et chaque pièce sera un tableau. [...] C'est que peut-être Whistler pose là une grande question quant aux tableaux avec leurs règles de clair-obscur, côtés fuyants, premiers plans, fonds[17]».

Cette manière nouvelle de composer a peut-être été inspirée à Whistler par la série de marines réalisées par Manet en 1864-1865 sur les côtes de la Manche, où se tiennent alors quelques combats entre navires américains nordistes et sudistes (FIG. 72)[18]. Inspiré également par les principes de composition et les dégradés de bleu de Prusse si particulier des estampes japonaises, Manet réduit la mer à un plan sur lequel se posent quelques touches calligraphiques figurant les bateaux. Cet effet se retrouve dans *Symphonie en gris et vert: l'Océan* (CAT. 43) de Whistler, tableau à l'atmosphère plus sereine et mélancolique où quelques navires tournés vers l'horizon ponctuent la surface étale d'une mer gris-vert et se détachent sur un ciel gris-bleu. L'extrémité d'une jetée à gauche et l'écume des vagues qui se cassent au premier plan donnent un peu de profondeur à un espace aplani. Comme chez Manet, le tableau de Whistler est réalisé rapidement, mais à l'opacité des tons du premier répond une peinture fluide et diluée. Whistler met au point ce qui sera la technique de ses futurs «Nocturnes» des années 1870, à savoir un jeu de glacis transparents, du sombre vers le clair, qui donne le sentiment d'une grande légèreté[19]. L'artiste n'ajoutera la branche de bambou japonisante et la nouvelle forme de sa signature (un papillon dans un cartouche) en bas à droite du tableau que dans un second temps, au début des années 1870, en vue de l'exposition de l'œuvre à Londres en 1872[20]. C'est à cette époque que l'artiste réfléchit plus encore à la présentation de ses œuvres et conçoit désormais lui-même leurs cadres, ainsi celui de la *Symphonie en gris et vert*, cadre gris argent avec, sur le grand plat, une décoration de motifs japonais *seigaiha* («vagues de mer bleues») et dans les rainures de fins filets suggérant des tiges de bambou (CAT. 43)[21].

À Valparaiso, Whistler peint également une série de tableaux de format vertical représentant au premier plan un grand môle et au loin des navires mouillant dans le port, sans doute vus depuis la fenêtre du cercle naval. Leur format étroit, l'aplatissement des plans et la géométrisation des formes évoquent aussi l'art des estampes japonaises. Le tableau conservé aujourd'hui à la Freer Gallery à Washington semble être le premier véritable «nocturne» peint par l'artiste (FIG. 74). L'obscurité et le calme de la nuit permettent au peintre de supprimer plus de détails encore et de tendre à une forme de synthèse des formes et d'abstraction.

17 Lettre d'Edwin Edwards à Fantin-Latour, janvier 1867 ; citée dans Spencer 1987, p. 55 et note 32, p. 62.
18 Sur les relations entre Whistler et Manet, voir Spencer 1987.
19 Pennell 1913, p. 94.
20 Une photographie montrant le tableau avant ces modifications est conservée au Baltimore Museum of Art (George A. Lucas Collection).
21 Horowitz 1979, p. 127.

Édouard Manet, *Vue de mer, temps calme*, 1864-1865, huile sur toile, 73,6 × 92,6 cm, Chicago, The Art Institute of Chicago

73   *Crépuscule en couleur chair et vert: Valparaiso* [*Crepuscule in Flesh Colour and Green: Valparaíso*], 1866, huile sur toile, 58,6 × 75,9 cm, Londres, Tate Britain

74 *Nocturne en bleu et or : la baie de Valparaiso [Nocturne in Blue and Gold: Valparaiso]*, 1866-1874, huile sur toile, 76,4 × 50,7 cm,
Washington D.C., Freer Gallery of Art

75   *Nocturne en noir et or : la fusée qui retombe* [*Nocturne in Black and Gold: The Falling Rocket*], 1875, huile sur bois, 60,3 × 46,7 cm, Detroit, The Detroit Institute of Fine Arts

Nocturne en bleu et argent – Chelsea [*Nocturne: Blue and Silver – Chelsea*], 1871, huile sur toile, 50,2 × 60,8 cm, Londres, Tate Britain

77 (CAT.)   *Variations en violet et vert* [*Variations in Violet and Green*], 1871, huile sur toile, 61,5 × 36 cm, Paris, musée d'Orsay

Vers les « Nocturnes »

Rentré à Londres avec ces peintures sous le bras, Whistler
s'éloigne définitivement du réalisme et de la peinture de plein
air et rejette explicitement l'influence de Courbet et du réalisme
dans une lettre à Fantin-Latour[22]. Fort de ses toiles chiliennes,
il refonde progressivement son art sur un rapport plus distancié
et poétique à la nature. Il donne alors pour la première fois
un titre musical à un tableau, la *Symphonie en blanc n° 3*
(1865-1867, Birmingham, Barber Institute of Fine Arts),
exposée à la Royal Academy en 1867. Il faut ensuite attendre
1871 pour que l'artiste renoue le fil des expériences chiliennes
pour donner le jour à un exceptionnel ensemble de « clairs de lune ».
Dans ces tableaux (**FIG. 76**), Whistler épure plus encore ses
compositions, réduites à quelques bandes de couleur, et ses
moyens picturaux, des glacis légers et quelques coups de pinceau
qui étirent la couleur sur toute la surface de la toile. L'artiste
peint désormais dans son atelier, d'après des esquisses réalisées
lors de ses excursions nocturnes sur la Tamise entre le pont
de Westminster et celui de Battersea, mais surtout de mémoire.
Ces toiles sont bientôt rebaptisées « nocturnes » lors de leur
exposition en 1872 à la Dudley Gallery, sur l'idée du nouveau
mécène du peintre, Frederick Leyland[23] ; terminologie
sur laquelle revient Whistler quelques années plus tard :
« En utilisant le mot "nocturne", je voulais uniquement exprimer
un intérêt pictural, en laissant le tableau libre de tout propos
anecdotique extérieur qu'on aurait pu lui attribuer par ailleurs.
Un nocturne est tout d'abord un agencement de lignes,
de formes et de couleurs. La peinture est un gigantesque
problème que j'essaie de résoudre[24]. » L'influence du Japon
s'y révèle toujours présente, ainsi dans *Variations en violet
et vert* (**CAT. 77**), une vue de la Tamise au coucher du soleil
qui reprend les formats verticaux japonisants expérimentés
au Chili, et où se retrouvent quelques détails orientaux
(l'ombrelle, les branchages en fleurs, le cartouche signature,
etc.). Très critiquées lors de leur première présentation
à Londres en 1872 puis à Paris chez Durand-Ruel l'année
suivante, ces peintures sont perçues comme des esquisses,
des barbouillages. « Si quelque secousse énergique ne tire
l'artiste des rêveries malsaines où il se complaît, il est perdu
pour l'art. […] il n'y a rien sur ces toiles et panneaux que
de vagues dégradations de teintes plates d'un ton éteint, effacé,
passé, essuyé comme d'un revers de manche. […] Sans doute,
au mur d'un atelier, quelqu'une de ces pochades pourrait offrir,
malgré tout, quelque intérêt[25] », écrit Ernest Chesneau dans un
article sur « Le japonisme dans les arts ». Les toiles de Claude
Monet peintes depuis des fenêtres du port au Havre au même
moment – dont *Impression, soleil levant* (1872, Paris, musée
Marmottan Monet) et certaines vues de nuit – subissent le même
rejet, pour les mêmes raisons, lors de la première exposition
impressionniste en 1874.

22 Lettre de Whistler
à Henri Fantin-Latour,
non datée [septembre
1867 ?], Londres ;
repris dans Glasgow
2003-2010,
GUW 08045.

23 Lettre de Whistler
à Frederick Leyland,
non datée, entre le 2
et le 9 novembre
1872 ; repris dans
Glasgow 2003-2010,
GUW 08794.

24 Repris dans Merrill
1992, p. 144.

25 Ernest Chesneau,
« Le japonisme dans
les arts », *Le Musée
universel*, 1873, second
semestre, p. 216-217.

3. Symphonie en couleur chair et rose :
portrait de Mrs. Frances Leyland et *Arrangement en brun*
et noir : portrait de Miss Rosa Corder

Whistler portraitiste

Cette période charnière dans l'œuvre de Whistler, celle des premiers
« Nocturnes », lors de laquelle se fixent sa « doctrine » et sa méthode,
correspond également au plein épanouissement du talent de l'artiste
comme peintre de figure. De la *Dame blanche* aux portraits
de Frances Leyland ou de Rosa Corder, Whistler fait faire
sa révolution au genre du portrait.

Le premier d'entre eux est celui que lui commande le riche
armateur – et amateur – Frederick Leyland en 1869. Né dans
une famille modeste de Liverpool, l'homme a fait fortune dans
le commerce maritime, avant de diriger plusieurs entreprises
telles que la National Telephone Company ou la Edison Electric
Light Company. Devenu très riche, il se hisse dans les hautes
sphères de la société victorienne, devient collectionneur et brillant
amateur de musique, à tel point que Whistler le surnomme
le « Médicis de Liverpool[26] ». Les deux hommes, tous deux jeunes
et ambitieux *self-made-men*, se sont rencontrés via le peintre Dante
Gabriel Rossetti, à qui Leyland a commandé un premier portrait
de sa femme Frances (collection particulière).

Leyland va devenir le principal mécène de Whistler jusqu'en
1877. L'amateur commande d'abord au peintre une composition
décorative en frise sur laquelle Whistler va travailler plusieurs
années sans jamais l'achever. De cette composition témoigne
aujourd'hui l'étude *La Symphonie blanche : trois filles* (**FIG. 78**).
Sommet du mouvement *aesthetic* anglais des années 1860,
l'œuvre puise à diverses sources dont l'estampe japonaise,
les frises du Parthénon ou encore les figures de Tanagra,
et représente une étape importante depuis les toiles « exotiques »
telles que *La Princesse du pays de la porcelaine*. Mais les difficultés
sur lesquelles bute Whistler pour achever la version définitive
de grand format le plongent bientôt dans une période de crise aiguë,
dont il ne sort qu'avec la réalisation de ses premiers « Nocturnes »
et de grands portraits. Si le genre est considéré comme une branche
par trop commerciale de l'art et comme peu propice à l'innovation,
Whistler se sert de ces contraintes (représenter une seule figure
en pied, grandeur nature, respecter l'exigence de ressemblance)
comme d'un cadre défini pour mener à bien ses recherches
« esthétiques », sans jamais renoncer à ses ambitions formelles.
L'artiste se place là dans la continuité des recherches des peintres
préraphaélites anglais et des réalistes français, qui, dès les années
1850-1860, ont fait du portrait le lieu de diverses expérimentations.
Le genre connaît également un regain de faveur chez les artistes
britanniques depuis les « Special Exhibitions of National Portraits »
organisées en 1866, 1867 et 1868 au South Kensington Museum,
où étaient rassemblés les meilleurs tableaux de Van Dyck, Peter
Lely, Thomas Gainsborough ou Joshua Reynolds.

26   Pennell 1913, p. 107.

78   *La Symphonie blanche : trois filles* [*The White Symphony: Three Girls*], 1867-1869, huile sur carton contrecollé sur bois, 46,4 × 61,6 cm, Washington D.C., Freer Gallery of Art

79 *Variation en couleur chair et vert : le balcon* [*Variation in Flesh Colour and Green: The Balcony*], 1864-1870, huile sur bois, 61,4 × 48,5 cm, Washington D.C., Freer Gallery of Art

80 (CAT.)   *Arrangement en gris et noir n° 1 : portrait de la mère de l'artiste* [*Arrangement in Grey and Black, No. 1: Portrait of the Painter's Mother*],
1871, huile sur toile, 144,3 × 163 cm, Paris, musée d'Orsay

81 *Arrangement en noir : portrait de F. R. Leyland* [*Arrangement in Black: Portrait of F.R. Leyland*], 1870-1873, huile sur toile, 218,5 × 119,4 cm, Washington D.C., Freer Gallery of Art

Diégo de Silva y Velázquez, *Philippe IV d'Espagne*, vers 1656, huile sur toile, 64,1 × 53,7 cm, Londres, The National Gallery

Whistler commence le portrait de Frederick Leyland en 1870, mais le délaisse rapidement pour faire celui de sa propre mère en 1871 (**CAT. 80**). Anna McNeill a 67 ans lorsqu'elle pose pour son fils, qui lui-même en a 37. Fille d'un médecin écossais expatrié aux États-Unis, elle avait épousé le major Whistler en 1831. Après de multiples pérégrinations et la mort de son époux, elle s'était installée à Londres, chez son fils, en 1864[27]. Proche de lui, elle s'occupe de la maison, se fait parfois son imprésario auprès de ses cercles londoniens, et se passionne pour les réflexions artistiques de Whistler et de ses amis. Fervente épiscopalienne, elle tente de faire adopter une vie plus chrétienne à un fils peu intéressé par la religion et qui aura plusieurs enfants hors mariage. Dans une lettre à sa sœur, Anna McNeill raconte avoir occupé ses séances de pose pour ce tableau à prier[28]. Si la pose du modèle, les mains jointes, suggère une forme de recueillement et de concentration presque religieuse, Whistler refuse toute sentimentalité et narrativité, qualités de la plupart des portraits victoriens d'alors. Il prend soin de ne pas faire se croiser le regard du spectateur et celui de sa mère, qui pose de profil et dont l'objet du regard nous est caché, et supprime tout détail anecdotique ou qui pourrait donner un sens particulier au portrait. Ne reste que le mouchoir tenu dans ses mains par Mme Whistler, un morceau de textile japonais et quelques gravures de son fils encadrées au mur (nous sommes dans l'atelier du peintre, à Chelsea). Renouant avec l'austérité des portraits hollandais du Siècle d'or et de Velázquez, mais regardant aussi du côté de Fantin-Latour ou Manet, Whistler compose une harmonie de tons noirs, gris et blancs simplement rehaussée ici de tons de chair. Réduit à quelques lignes, formes et couleurs, le tableau proclame la supériorité des éléments plastiques de l'œuvre sur le sujet. Malgré les réticences des organisateurs de l'exposition, Whistler expose le portrait à la Royal Academy en 1872 sous le nom *Arrangement en gris et noir*.

Whistler reprend ensuite le travail autour du portrait de Frederick Leyland, nouvel « Arrangement en noir », mais où le fond disparaît désormais complètement (**FIG. 81**). Étude de noir sur noir, ce premier véritable portrait en pied peint par Whistler rivalise avec les grands modèles de Rembrandt et Velázquez. L'artiste connaissait l'œuvre de ce dernier par des photographies – qui devait sans doute lui donner une image plus sombre et contrastée encore de sa peinture – et pouvait étudier son style à la National Gallery, qui avait acquis en 1865 un portrait en buste de Philippe IV d'Espagne (**FIG. 82**).

Frances Leyland et le portrait *aesthetic*

Alors que son portrait n'est pas encore achevé, Leyland commande à Whistler des portraits de sa femme et de leurs trois enfants, Frederick Dawson, Florence et Elinor. L'artiste est devenu un intime de la famille – il est même brièvement fiancé à la sœur de Mrs. Leyland en 1872 – et séjourne régulièrement chez eux à Speke Hall, près de Liverpool. De ce manoir Tudor, l'artiste tire une eau-forte montrant la maison par temps de neige, avec au premier plan ce qui

27   Au sujet d'Anna McNeill, voir Sutherland et Toutziari 2018. Au sujet du tableau, voir MacDonald *et al.* 2003.

28   Lettre d'Anna McNeill à Catherine Jane Palmer, 3-4 novembre 1871, Londres, repris dans Glasgow 2003-2010, GUW 10071.

semble être la silhouette de la maîtresse de maison (Paris, BnF).
Fille d'un capitaine de marine et fondeur de Liverpool, Frances
Dawson avait épousé Leyland en 1855. Elle commence à poser
pour son grand portrait en pied dès novembre 1871, à Speke Hall.

Pour ce tableau, Whistler déplace ses recherches vers le pôle
clair de sa palette et s'autorise la présence de plus nombreux
éléments décoratifs, en décrivant plus précisément le vêtement
et l'environnement dans lequel se trouve la jeune femme (**CAT. 45**).
Frances Leyland, qui admire le portrait de la mère de l'artiste,
souhaite poser dans une robe de velours noir, mais c'est
sans compter la volonté du peintre de faire réaliser spécialement
pour le tableau et d'après ses dessins un vêtement *aesthetic*.
Cherchant moins à faire le portrait psychologique ou réaliste
de la jeune femme qu'un éloge de sa beauté, Whistler se sert d'elle
comme « modèle ». Le choix de la pose de dos les mains croisées
et le visage de profil, l'expression grave de Frances, qui regarde
vers le bas, font d'elle une effigie « majestueuse et distante[29] »,
ce qui ne correspond pas à ce que l'on connaît de la personnalité
de la jeune femme[30]. C'était le cas déjà avec Jo et la *Dame
blanche*, dix ans plus tôt. À sa suite, d'autres artistes ont aussi
tenté de formuler leur propre vision de la beauté moderne
par de grands tableaux de figure féminine en pied, ainsi Manet
avec Victorine Meurent posant pour sa *Jeune femme en 1866*
(**FIG. 83**)[31]. Whistler, qui a probablement vu ce tableau dans
l'exposition personnelle organisée par Manet à Paris pendant
l'Exposition universelle de 1867, choisit également pour son
portrait de Mrs. Leyland – qui partage avec Victorine une même
chevelure auburn – une robe d'intérieur rose. Inspirées par ces
« peignoirs » et par les robes à la française du XVIIIᵉ siècle, avec
leur long pan de tissu « à la Watteau » dans le dos, ces fluides
tea gowns à traîne connaissent un grand succès en Angleterre
à partir des années 1870, offrant une alternative à la mode
des corsets et des « tournures » complexes de l'époque. On connaît
de nombreuses études préparatoires dessinées et parfois
colorées au pastel pour cette robe et ses ornements[32]. À travers
cette série d'études, se lit l'évolution du « dessin » de Whistler,
qui débarrasse la robe de ses riches effets de drapés et de ses
teintes vives pour atteindre à une forme d'épure que met
en valeur la pose de dos. Dans la peinture, Frances Leyland porte
finalement une robe blanche à manches transparentes entourées
de rubans rose foncé et à col brun-rouge, sur laquelle vient
se poser une grande traîne de mousseline rose piquée de rosettes
et de fleurs en relief également de l'imagination de l'artiste.

Comme l'ont expliqué ceux qui ont vu Whistler travailler,
l'artiste prépare et accorde ses tons d'abord sur la palette, avant
de se lancer dans l'exécution du tableau[33]. Ici, le peintre part
de la couleur de la peau et de la chevelure de la jeune femme,
et décline les roses et les brun-rouge sur toute la surface
de la toile (la robe et ses rubans, le mur rose du salon de la maison
de Whistler à Chelsea), mettant en valeur ces tons par des blancs

29 Galassi 2003, p. 95.
30 *Idem.*
31 Voir Paris, New York, Chicago 2012.
32 Il est vraisemblable qu'un autre modèle ait posé pour ces pastels, sans doute Maud Franklin, qui devient la maîtresse et compagne du peintre. Au sujet de Maud Franklin, voir MacDonald 1987.
33 Blanche 1905, p. 356.

83   Édouard Manet, *Jeune femme en 1866*, 1866, huile sur toile, 185,1 × 128,6 cm, New York, The Metropolitan Museum of Art

(le lambris bas, les fleurs), des gris (le tapis) et quelques touches de vert et de brun (les branches d'amandier, le motif de damier sur le tapis). Si cette recherche d'harmonie colorée se retrouve chez d'autres artistes anglais de la période, particulièrement Dante Gabriel Rossetti ou Albert Moore, la franchise de la touche de Whistler et la légèreté de sa peinture sont bien à lui. Comme dans ses « Nocturnes », l'artiste fuit le « fini » et tout ce qui pourrait donner le sentiment d'un long travail mécanique et laborieux, quand bien même un portrait comme celui-ci demande au modèle de très nombreuses séances de pose. Contre les idées dominantes alors de l'écrivain et critique John Ruskin, qui voit dans le patient travail d'observation et la précision maniaque des préraphaélites la seule attitude morale pour l'artiste face à la beauté parfaite de la Création, Whistler proclame la supériorité de l'art sur la nature. Ne cherchant pas à copier son modèle, l'artiste sélectionne les quelques détails nécessaires à l'équilibre de la composition, le « tout » l'emportant sur les parties. Au fini lisse qui transforme la peinture en image, Whistler préfère la sensualité de la matière picturale fluide et les effets tactiles du grain de la toile qui affleure par endroits.

Malgré la réussite évidente de l'œuvre, Whistler semble ne pas être parvenu à achever ce tableau. En janvier 1874, Whistler, devenu au fil des séances de pose l'ami et peut-être même l'intime de Mrs. Leyland, lui écrit : « Je garde en moi la pensée obsédante de votre portrait ! J'ai le vif souvenir de l'aimable persévérance avec laquelle vous avez si patiemment supporté ces nombreuses journées éprouvantes ! Comment pourrais-je jamais vous remercier ! Et je suis si malheureux de savoir que ce portrait n'est pas digne de la fatigue que vous avez endurée. Il aurait dû être si beau. Savez-vous que j'ose espérer parfois qu'il peut encore être sauvé. Cette petite chose étrange qui fait la différence entre un chef-d'œuvre dans sa perfection et une œuvre ratée pourrait surgir à tout moment – et, en une matinée de travail, faire éclater cette vie qui sommeille dans ce portrait. Et il est également si charmant dans sa conception ! Ah ! Croyez-moi bien ma chère Madame Leyland, ce n'est ni une glorification égoïste ni l'ambition qui continue de me tracasser dans ma déception. J'aurais été fier de pouvoir, dans une certaine mesure, remercier par mon œuvre l'aimable hôtesse que j'ai, je le crains, souvent fâchée par l'entêtement et les excentricités lassantes d'un invité constamment à sa tâche[34] !» Le tableau est néanmoins présenté une fois au public lors d'une exposition personnelle des œuvres de l'artiste en 1874.

« Digne de Velázquez », le portrait de Rosa Corder

Le succès des portraits de Mr. et Mrs. Leyland attire bientôt à Whistler de nouvelles commandes qui lui permettent de poursuivre ses recherches sur les « Arrangements en noir ». L'artiste reprend ainsi la pose de dos, la silhouette « à traîne » et le visage de profil de Frances Leyland pour les portraits

34 Traduction de la lettre de Whistler à Frances Leyland, non datée, entre le 1er et le 6 janvier 1874 ; repris dans Glasgow 2003-2010, GUW 10867.

de Mrs. Louis Huth (1872-1873, collection particulière), de Maud Franklin, nouvelle compagne de l'artiste (*Arrangement in Yellow and Grey: Effie Deans*, 1876-1878, Amsterdam, Rijksmuseum), puis de Miss Rosa Corder (**CAT. 44**).

Ce dernier portrait est commandé à Whistler par l'amant de la jeune femme, Charles Augustus Howell, homme d'affaires à la réputation douteuse et importante personnalité du monde de l'art victorien, un temps secrétaire de Ruskin ou encore agent de Whistler[35]. Rosa Corder, fille d'un marinier, grandit dans un environnement familial artiste, une de ses sœurs étant actrice et peintre et un de ses frères membre du Royal College of Music. Rosa embrasse elle aussi la carrière d'artiste, étudiant la peinture auprès de Felix Moscheles[36] et peut-être la gravure avec Whistler. Si peu de ses œuvres sont connues aujourd'hui, Corder pratique néanmoins le portrait, la peinture animalière (notamment de chevaux et de chiens) et peint des copies de maîtres anciens. Il est possible qu'elle ait même réalisé des faux et des plagiats d'œuvres préraphaélites, vraisemblablement encouragée par Howell[37]. Séduit par les traits et la personnalité de Corder, Whistler semble avoir accepté de réaliser son portrait sans même savoir si Howell pouvait le rétribuer[38].

Le peintre représente la jeune femme de trois quarts dos, le visage de profil tourné vers la droite, une main sur la hanche et l'autre tenant un grand chapeau à plumes. Elle est vêtue d'un ensemble de jour fait d'une veste courte bordé de fourrure et d'une jupe à traîne, proche d'une tenue d'amazone, habit particulièrement à la mode depuis le milieu du siècle et qui plaît à Whistler pour sa simplicité et sa monochromie[39]. La palette de l'artiste est très réduite, faite seulement de bruns (la chevelure de Rosa, le sol, le chapeau), de noirs (la veste et la jupe, le fond), et de quelques touches de rose (la carnation) et de blanc (le col et les manches). Le peintre Jacques-Émile Blanche, ami de Whistler, racontera au début du XXᵉ siècle comment l'idée de cette composition vint au portraitiste : « Une fois, elle passe, toute de brun vêtue, devant une porte de l'appartement [de Whistler], qui se trouve être noire. Whistler est frappé par la simplicité, la netteté des grands plans bien distincts, quoiqu'atténués, de la silhouette, comme en certaines fresques pompéiennes dont le fond est noir aussi. Il se met à l'ouvrage, et bientôt surgit ce merveilleux portrait, exemple accompli de sa manière la plus significative[40]. » Anecdote dont les époux Pennell, biographes de Whistler, confirment qu'elle « n'a rien d'impossible, car nous avons déjà vu que Whistler devait souvent au hasard la première idée d'une pose heureuse pour le modèle ou de l'effet général de l'un de ses tableaux[41] ». Il existe plusieurs petites études au crayon ou à l'encre représentant cet « effet général », dans lesquelles l'artiste accentue le contraste entre les zones claires et sombres et le mouvement de la silhouette qui semble s'éloigner de nous. Ces dessins étaient souvent donnés par Whistler à ses amis.

35 Londres, Paris, Washington 1995, p. 153.
36 Sur Rosa Corder voir Galassi 2001 et Galassi 2003, p. 120.
37 Galassi 2003, p. 129.
38 *Ibid.*, p. 122.
39 Galassi 2003, p. 123-124.
40 Blanche 1905, p. 371.
41 Pennell 1913, p. 146.

Pour obtenir cet effet de silhouette émergeant d'un fond sombre, Whistler n'hésite pas à obstruer les fenêtres de son atelier et à fermer les volets. D'une grande lenteur, grattant et reprenant sans cesse son ouvrage, Whistler fait poser Rosa Corder une quarantaine de fois. Au sujet de ces séances de pose, Blanche raconte : « La première séance était une recherche de l'harmonie, de la pose et des valeurs, un effleurement, une caresse de la toile d'où la figure était en quelque sorte extraite, comme enveloppée de brouillard. À la seconde, il précisait le caractère du personnage, tout en répandant, sur la première couche de peinture, une deuxième couche mince et fluide, qui nourrissait le dessous sans l'alourdir. L'œuvre était dès lors achevée en tant que tableau : l'artiste y avait mis le meilleur de lui-même. Mille raisons, excellentes selon lui, l'empêchaient de livrer tel quel au modèle le portrait qui eût ainsi été sauvé. Mais il le gardait en vue d'améliorations que la centième séance apporterait peut-être. Généralement il le gâtait ou l'effaçait[42]. »

Épuisée par ces séances de pose, Corder finit par faire plusieurs malaises et refuse de reparaître à l'atelier, Whistler devant la supplier de revenir : « Chère mademoiselle Corder, je voudrais vous remercier pour votre patiente endurance, mais je le ferai d'autant mieux en terminant le tableau, aussi pénible cela puisse-t-il être pour vous. Après tout, l'œuvre est achevée, et une heure ou deux environ suffiront pour y apporter la touche finale. Je suis moi-même charmé, et un jour, vous me pardonnerez[43]. » Le tableau est finalement achevé à la fin de l'année 1878 et présenté à l'exposition de la Grosvenor Gallery à Londres en mai 1879, où il est très apprécié par la critique. Dans *The World*, un critique y voit un « grand morceau d'exécution digne de Velázquez[44] ». Fort de ce succès, Whistler présente l'œuvre à de très nombreuses expositions tout au long de sa vie – à Londres (en 1879, 1884, 1889, 1892 et 1898), à Paris (en 1883, 1888 et 1891), mais aussi à Bruxelles (1884), à Munich (1892), à Anvers (1894), à Copenhague (1897), à Venise (1899) et enfin à Liverpool (1902) – faisant du portrait de Rosa Corder l'une des œuvres les mieux connues et considérées de l'artiste en son temps.

4. *Suite vénitienne*, pastels et estampes

De l'envol du paon à la fusée qui retombe
L'essor que connaît la carrière de Whistler à Londres au cours des années 1870, et dont témoignent ces grands portraits, se brise dans la seconde moitié de la décennie. Deux des plus grands chefs-d'œuvre de l'artiste, *La Chambre des paons* et *Nocturne en noir et or : la fusée qui retombe*, causent brutalement la ruine de Whistler.

Au cours des années 1870, Frederick Leyland fait entièrement et luxueusement réaménager sa maison londonienne de Princes Gate afin de pouvoir « vivre, dans une ville aussi moderne que Londres, la vie qui avait été celle des grands

42 Blanche 1905, p. 357-358.

43 Traduction de la lettre de Whistler à Rosa Corder, 1er septembre 1878 ; repris dans Glasgow 2003-2010, GUW 10040.

44 Anonyme, [Grosvenor Gallery], *The World*, Londres, 7 mai 1879.

seigneurs de Venise[45] ». Il fait appel à l'architecte et designer Thomas Jeckyll pour la salle à manger, qui abrite désormais sa collection de porcelaine bleu et blanc ainsi que *La Princesse du pays de la porcelaine*. Jeckyll imagine un ensemble de boiseries et étagères gothico-japonaises, que doit bientôt compléter Whistler, à qui son mécène demande quelques panneaux peints. L'artiste, qui depuis le début de la décennie se montre de plus en plus préoccupé par la décoration et les arts décoratifs, au point de concevoir des cadres et espaces d'exposition d'un genre nouveau, et de dessiner les vêtements de ses modèles ou des cartons d'invitation, y voit l'occasion d'étendre les principes de son art aux dimensions d'un véritable espace architectural. Influencé par l'art japonais et par la pensée de son ami l'architecte *aesthetic* Edward W. Godwin – qui conçoit en 1877 la nouvelle maison de Whistler, la « White House », manifeste du goût artiste le plus radical –, l'artiste rêve de bousculer les hiérarchies entre la peinture et les arts du décor et de créer une œuvre d'art totale. Pris dans son élan, Whistler ne s'en tient pas à la commande initiale mais redécore toute la pièce qui prend désormais le nom de « chambre des paons », du nom du motif principal du décor (**FIG. 84**)[46]. L'ensemble est un chef-d'œuvre, mais Whistler demande une somme excessive à Leyland et présente la pièce à la presse et à des invités sans l'autorisation de son mécène, en février 1877. Les deux hommes se brouillent violemment – peut-être également du fait des rumeurs de liaison entre Whistler et Mrs. Leyland, qui finit par divorcer de son mari en 1879 –, et Leyland retire son généreux soutien financier au peintre, précipitant sa banqueroute.

Celle-ci intervient alors que l'artiste s'est ruiné dans un coûteux procès engagé contre le grand critique Ruskin. En septembre 1875, Whistler peint une série de nocturnes ayant pour sujet le parc de Cremorne. *Nocturne en noir et or : la fusée qui retombe* (**FIG. 75**) représente un feu d'artifice donné dans ces jardins. Au premier plan, les berges de la Tamise, quelques spectateurs et la silhouette d'un grand arbre noir, à l'arrière-plan, une estrade avec les feux proprement dits et des fumées, enfin le ciel parsemé des étincelles d'une fusée. L'œuvre est exposée en 1875 à la Dudley Gallery, puis, aux yeux d'un plus grand public, à la Grosvenor Gallery en mai 1877. C'est là que le critique Ruskin, devant ce tableau, parle « des ouvrages où la suffisance mal éduquée de l'artiste approche de si près l'imposture volontaire » et qualifie implicitement Whistler d'escroc : « J'ai eu beaucoup de preuves jusqu'à ce jour de l'impudence des *Cockneys*, mais je ne m'attendais pas à entendre un faquin demander deux cents guinées pour jeter un pot de peinture à la face du public[47]. » D'abord publié dans une série de lettres destinées à quelques professionnels de l'art (*Fors Clavigera*), le texte est bientôt repris dans la presse nationale à grand tirage, où l'avis de Ruskin fait autorité. La réputation de Whistler est brisée et l'artiste intente au critique un procès en diffamation[48]. La bataille judiciaire

45   Pennell 1913, p. 147.
46   Au sujet de la « chambre des paons », voir Merrill 1998.
47   *The World*, 18 juillet 1877, p. 3.
48   Voir Merrill 1992.

84	*La Chambre des paons* [*The Peacock Room*], 1876-1877, peinture à l'huile et feuille d'or sur toile, cuir, mosaïque, verre et bois, 421,6 × 613,4 × 1026,2 cm, Washington D.C., Freer Gallery of Art

85   Antonio Canaletto, *Venice: Campo San Vidal and Santa Maria della Carità*, vers 1725, huile sur toile, 123,8 × 162,9 cm, Londres, The National Gallery

qui s'ensuit – le procès a lieu les 25 et 26 novembre 1878 – est l'occasion pour Whistler de réparer son honneur mais aussi de défendre haut et fort son idée de l'art pour l'art (*art for art sake*). Face à Ruskin, pour qui, selon les Pennell, « la question [est] de savoir si un artiste a le droit de dire ce qu'il veut, de faire ce qu'il veut, de peindre ce qu'il veut, même s'il n'est compris ni de ses protecteurs, ni des critiques, ni de la Royal Academy, ni du seul vrai juge, qui est la foule[49] », Whistler défend l'absolue liberté de l'artiste. Déjà, dans un article intitulé « The Red Rag » et paru le 22 mai 1878, Whistler écrivait : « L'art doit être dégagé de tout verbiage. Il doit rester à part, et s'adresser à la sensibilité artistique de l'œil ou de l'oreille, sans se confondre avec des émotions qui lui sont totalement étrangères, telles que dévotion, pitié, amour, patriotisme[50]. » Et quand bien même une composition ressemblerait à une esquisse, elle est bien terminée lorsque l'artiste est satisfait de son effet. Peu importe le temps passé à y travailler, puisque c'est l'expérience et le savoir de toute une vie qui nourrissent chaque coup de pinceau. William Powell Frith et Edward Burne-Jones témoignent en faveur de Ruskin – Burne-Jones dit du plaignant qu'il n'a « jamais produit autre chose que des esquisses, plus ou moins intelligentes, souvent stupides, parfois carrément insolentes[51] » –, du côté de Whistler, se présentent Albert Moore et Michael W. Rossetti, James Tissot ayant refusé de témoigner. Si le peintre des « Nocturnes » obtient un *farthing* symbolique de dommages et intérêts, l'opinion ne considère pas cette issue comme une victoire et la réputation de l'artiste reste au plus bas. Privé de nouvelles commandes, ruiné par les frais du procès et l'argent dû à Leyland, Whistler est obligé de se déclarer en faillite en mai 1879 et de vendre ses biens. Sa maison est mise sous séquestre. Seule note d'espoir, la commande d'une série de douze eaux-fortes de Venise par la Fine Art Society, qui doivent être publiées pour Noël. Grâce à ce soutien financier modeste, l'artiste et sa compagne Maud Franklin quittent Londres pour Venise au mois de septembre. Il s'agit du premier voyage important entrepris par Whistler depuis l'épisode du Chili.

« Venise dans Venise »

Ce séjour dans la cité des Doges est une idée de longue date pour l'artiste, qui y pense dès les années 1850[52], et qui, en 1876, note dans son livre de raison le projet de réalisation d'estampes vénitiennes[53]. Venise est à la mode. Depuis le XVIIIe siècle, les *tourists* anglais se rendent dans la Sérénissime et les musées anglais possèdent de nombreux tableaux de peintres vénitiens. Dans leur biographie de l'artiste, les Pennell évoquent les visites de Whistler à la National Gallery, et particulièrement les « Canaletto et [les] Guardi que Whistler ne se lassait jamais de regarder. Il admirait surtout la grande église rouge du Canaletto » (**FIG. 85**). Whistler lui-même compare sa manière à celle de Guardi[54]. Les aquarelles de William Turner

49 Pennell 1913, p. 170.
50 James McNeill Whistler, « The Red Rag », *The World*, 22 mai 1878 ; repris dans Whistler 1994, p. 126-128.
51 Merrill 1992, p. 296.
52 New York, Toronto 1984, p. 181.
53 MacDonald 2001, p. 13.
54 Pennell 1913, p. 354.

et l'ouvrage de Ruskin *Les Pierres de Venise* (1851-1853) ont également contribué à faire de cette ville un lieu hautement prisé des Britanniques. Pour Whistler, l'enjeu est précisément de se démarquer de ces visions. Comme le note Richard Dorment, « Venise est une ville de façades, et Ruskin autant que Turner s'étaient attachés exclusivement à son visage public, le passage touristique obligé sur les eaux du Grand Canal[55]. » Whistler est le premier à présenter au public d'autres images de la cité, en s'éloignant des sites les plus connus pour s'aventurer dans les petits canaux où se trouvent des façades décaties, les ruelles où se cachent des cours secrètes où vit le petit peuple : « J'ai appris à connaître une Venise dans Venise que les autres ne semblent avoir jamais perçue[56] », résume l'artiste.

Parti en septembre 1879 pour trois mois avec la commande d'une douzaine d'eaux-fortes, Whistler prolonge son séjour jusqu'en novembre 1880 et rapporte à Londres sept ou huit peintures, une centaine de pastels et près de cinquante estampes. Si l'artiste met autant de temps à rentrer, c'est d'abord parce que l'hiver, particulièrement rude, ne lui permet pas vraiment de réaliser des eaux-fortes. Whistler, qui décide de travailler sur le motif, n'arrive pas à manier sa plaque de cuivre dehors et préfère dans un premier temps se consacrer à des dessins au pastel, technique qu'il pratique déjà et dont le potentiel commercial n'est pas à négliger. Entre deux pauses dans des cafés pour se réchauffer[57], l'artiste, qui vit d'abord dans une chambre au palais Rezzonico, près de l'Accademia, explore la ville et « note » ses impressions visuelles. L'artiste multiplie progressivement les points de vue, comme il le fera dans ses eaux-fortes, en dessinant depuis une gondole – comme dans *Le Cimetière* (CAT. 48), réalisé lors d'un déplacement vers l'île de San Michele –, ou une fenêtre – ainsi *Nocturne : Venise* (CAT. 49), vue prise depuis l'appartement occupé par Whistler et Maud à la fin de leur séjour à la Casa Jankovitz, au bout de la Riva degli Schiavoni[58]. Travaillant sur des papiers teintés, Whistler utilise leur couleur brun-roux comme base tonale, notamment pour les éléments d'architecture. Il dessine avec une grande économie de moyens les contours des formes à la craie noire, puis ajoute ici ou là quelques touches de tons plus vifs. Sa boîte de pastels comprend une soixantaine de couleurs différentes mais il utilise le plus souvent de l'orange et du rose, ainsi que du bleu turquoise, du kaki et du blanc (CAT. 50)[59]. À propos des couleurs de la Sérénissime, Whistler écrit à sa mère au printemps 1880 : « Après la pluie, les couleurs des murs et leurs reflets dans les canaux sont plus somptueux que jamais – et quand le soleil brille sur le marbre poli, mêlé aux briques aux riches tonalités et au plâtre, cette stupéfiante ville de palais se transforme en un royaume féerique dont on dirait qu'il a été créé tout spécialement pour le peintre[60]. » Bientôt Whistler pratique aussi bien le pastel que l'eau-forte, en fonction des sujets, du temps qu'il fait ou de son inspiration du moment.

55 Dans Londres, Paris, Washington 1995, p. 179.
56 Traduction de la lettre de Whistler à Marcus Bourne Huish, Venise, non datée, entre les 21 et 26 janvier 1880 ; repris dans Glasgow 2003-2010, GUW 02992.
57 Londres, Paris, Washington 1995, p. 181.
58 MacDonald 2001, p. 63.
59 *Ibid.*, p. 49.
60 Lettre de Whistler à sa mère, sans date (mars-mai 1880), Venise ; repris dans Glasgow 2003-2010, GUW 13502.

Pour ses eaux-fortes, Whistler travaille d'abord à partir d'un petit ensemble d'une vingtaine de plaques de cuivre achetées à Londres avant son départ. L'artiste se fait ensuite ravitailler en matériel depuis Londres, particulièrement pour ses papiers, ne trouvant pas en Italie ce qu'il souhaite[61]. S'il tire régulièrement des épreuves de ses plaques pour se faire une idée du résultat final, l'impression définitive des estampes ne se fera qu'à son retour en Angleterre. Comme pour ses pastels, Whistler recherche la variété dans ses sujets et ses compositions. Les vues les plus lointaines de la ville, dont la petite taille correspond aux plaques rapportées de Londres, sont sans doute parmi les premières qu'il réalise. On retrouve dans *La Petite Venise* (**CAT. 51**) et *La Petite Lagune* (**CAT. 52**) l'extrême dépouillement des dernières vues de la Tamise peintes à Londres et en aucune façon la tradition des *vedutte* vénitiennes. Quelques silhouettes de bateaux ou d'architectures, formes réduites à de minuscules griffures de la plaque, flottent dans un espace vide et calme. À part les quelques vues de *La Piazzetta* Saint-Marc (**CAT. 54**), ou de *La Riva* (**CAT. 55**), Whistler fuit les sites touristiques : « À Londres, il avait préféré Battersea et Wapping à Westminster et à Saint-Paul ; à Venise, les petits canaux et les ruelles, les vieilles portes cochères et les jardins, les mendiants et les ponts exerçaient sur lui une séduction beaucoup plus puissante que les églises et les palais. [...] Ce qui intéressait Whistler, c'était la Venise des Vénitiens, la Venise de tous les jours[62]. » Ainsi certaines estampes de la première *Suite vénitienne* s'attardent plus particulièrement sur les Vénitiens eux-mêmes, *Les Mendiants* (**CAT. 61**), les gondoliers du *Traghetto* ou les enfileurs de perles (**CAT. 58 ET 56**).

S'aventurant dans les petits canaux, Whistler pose aussi son regard sur quelques ponts, qui lui rappellent les estampes japonaises, comme le *Ponte del Piovan* (New York, The Met), eau-forte qui ne sera pas sélectionnée par le peintre parmi les douze compositions de sa première série d'estampes vénitiennes. Il s'intéresse plus encore aux façades et porches de palais presque délabrés, révélant la poésie de lieux jusqu'ici jamais représentés par les artistes, ainsi dans les *Deux porches* (**CAT. 59**) et la grande estampe *Les Palais* au bord du Grand Canal (**CAT. 60**). Dans *Le Porche* (**CAT. 62**), l'artiste se tient dans une gondole devant le palais Gussoni. Whistler joue du contraste entre une façade symétrique et richement ornée et l'intérieur obscur et pauvre – on y aperçoit l'atelier d'un fabricant de chaises. Au premier plan, dans le sixième état de la plaque, le peintre a ajouté une jeune fille se mirant dans l'eau, dont la silhouette apporte une touche de douceur et de lumière au centre de la composition. Se retrouve ici le goût du graveur pour les espaces imbriqués et les effets de clair-obscur déjà observés dans *La Marchande de moutarde*.

Cette estampe est caractéristique du style développé par Whistler dans ces eaux-fortes. Le dessinateur varie les traits longs et courts, précis ou tremblants, et les différents types de hachures, parallèles ou croisées, et se permet souvent de tout bonnement

61 New York, Toronto 1984, p. 185.
62 Pennell 1913, p. 201.

supprimer les contours des objets pour n'en garder que les ombres.
Comme l'a montré Katherin Lochnan, l'artiste procède par
cercles concentriques, partant du centre de la plaque et faisant
progressivement irradier sa composition vers les bords. Comme
pour mieux restituer le phénomène de la vision et la distance qui
sépare le regardeur du sujet, le centre de l'image est plus dense
et plus précisément dessiné, quand l'image semble devenir floue
et se dissiper à la périphérie[63]. À ces procédés s'ajoute l'emploi
d'encres de surface. Laissant sur certaines zones, voire sur la totalité
de ses plaques, une fine couche d'encre, l'artiste fait apparaître
des zones d'ombre, des reflets, des effets de crépuscule ou de nuit,
par exemple dans *Nocturne* (**CAT. 53**), eau-forte pour laquelle on
connaît des épreuves très diverses, parfois très densément encrées.
Particulièrement controversée pour certains graveurs ou critiques
de l'époque qui la considèrent « impure » et par trop « picturale »,
cette technique héritée de Rembrandt a la faveur de l'imprimeur
parisien de Whistler, Delâtre, qui la nomme « retroussage »
et l'enseigne à d'autres graveurs français tels que le vicomte Ludovic
Lepic ou Edgar Degas[64].

C'est à son retour à Londres en novembre 1880 que Whistler
peut faire ces expérimentations avec le matériel que lui fournit
la Fine Arts Society, qui lui alloue un local au 65 Regent Street.
Whistler doit, dans un premier temps, éditer cent séries de cette
première *Suite vénitienne* qui ne comprend que douze estampes
parmi la cinquantaine réalisée à Venise. Il privilégie une variété
de sujets (vues éloignées, canaux, façades…) et de formats
(verticaux ou horizontaux). Pour le travail de tirage, qui va occuper
le peintre pendant des années, Whistler s'adjoint l'aide de jeunes
artistes, l'Australien Mortimer Menpes et l'Anglais Walter Sickert.

La série est exposée une première fois sous le titre *Venice:
Twelve Etchnings* à la Fine Arts Society en décembre 1880.
Aux critiques nombreuses qui lui reprochent d'avoir produit
des estampes trop chétives ou inachevées, à l'heure où les graveurs
victoriens privilégient les effets spectaculaires et les grandes
plaques, Whistler répond quelques années plus tard dans un texte
intitulé « Propositions » : « 1. Qu'en art, il est criminel de vouloir
aller au-delà des moyens employés pour son exercice. 2. Que
l'espace à couvrir doit toujours être proportionnel aux moyens mis
en œuvre pour le couvrir. 3. Que, dans l'eau-forte, l'instrument
employé étant la pointe la plus fine possible, l'espace à recouvrir
doit être réduit en proportion[65]. » L'ensemble des pastels fait l'objet
d'une autre présentation à la Fine Arts Society en janvier suivant.
Pour cette présentation Whistler aménage la galerie de manière
tout à fait nouvelle suivant la propre décoration de ses intérieurs
aesthetic. Les œuvres sont présentées sur un seul rang, dans
des cartons de montage jaunes ou verts, eux-mêmes pris dans
des encadrements dessinés par le peintre. Les murs de l'exposition
et les éléments d'architecture sont jaunes, verts ou bruns[66]. À partir
de 1886 une deuxième *Suite vénitienne* est publiée, cette fois par
Dowdeswell, comprenant vingt-six eaux-fortes complémentaires.

63   New York, Toronto
     1984, p. 189.
64   *Ibid.*, p. 197.
65   « Propositions »,
     avril 1886 ; repris dans
     Whistler 1994, p. 103.
66   Londres, Paris,
     Washington 1995,
     p. 196.

5. *Harmonie en rose et gris :
portrait de Lady Meux* et *Arrangement en noir et or :
comte Robert de Montesquiou-Fezensac*

Lady Meux

À partir de son retour à Londres à la fin de l'année 1880,
l'artiste doit reconquérir son public, sa clientèle et sa fortune.
Si la bonne société boude le peintre, l'artiste, désormais enveloppé
d'un parfum de scandale, peut compter sur une première
commande de la part d'une personnalité tout aussi haute
en couleur, Lady Meux. Née en 1852, Valerie Susan Langdon
est issue d'un milieu populaire. Jeune femme, elle devient
artiste de cabaret et se produit sous le nom de Val Reece dans
des *dancehalls*, des théâtres, etc. Il est possible qu'elle se soit
également prostituée. Elle rencontre son futur mari Henry Meux
[prononcer « mews »], né en 1856 et héritier d'une très riche
famille de brasseurs, dans une taverne de Holborn à Londres,
près de la brasserie des Meux[67]. La famille Meux désapprouve
leur mariage, qui est célébré en secret en octobre 1878.
Jamais Valerie – devenue Lady Meux lorsque son mari accède
au titre de *baronet* – ne sera reçue par sa belle-famille ou par
la *High Society* victorienne. Pourtant, c'est bien le portrait d'une
« Dame » que commande Henry Meux pour sa femme, en faisant
appel à Whistler. Des séances de pose naît une véritable amitié
entre le peintre et son modèle : « Je suppose que nous sommes
l'un et l'autre un peu *excentriques* et pas aimés par *le monde
entier* ; personnellement, j'en suis heureuse, car je préfère un peu
de haine[68] », lui écrit Lady Meux.

En réalité ce n'est pas un mais trois portraits pour lesquels
la jeune femme désormais âgée de 31 ans pose. Une caricature
de l'époque nous montre Whistler occupé à la tâche, trois pinceaux
dans la même main et « s'escrimant » face à une sorte de triptyque[69].
Le récit de Julian Hawthorne ayant assisté à des séances de pose,
confirme ce langage corporel de l'artiste : « [Whistler] tenait
dans la main gauche un bouquet de pinceaux aux manches
monstrueusement longs et dans la droite le pinceau qu'il utilisait
à ce moment-là. Ses mouvements étaient ceux d'un duelliste,
maniant activement et avec soin [une] petite épée[70]. » Le premier
portrait *Arrangement en noir : Lady Meux* la montre en robe
du soir et portant une importante parure de diamants (**FIG. 86**),
le deuxième, *Harmonie en rose et gris : portrait de Lady Meux*, la voit
vêtue en robe de jour claire et chapeau (**CAT. 46**), le troisième enfin,
Harmonie en cramoisi et brun, inachevé et sans doute détruit,
la montre en manteau de fourrure[71].

Dans le portrait en noir, la jeune femme porte une robe
du soir près du corps décolletée et des gants noirs qui mettent
en valeur ses étincelants bijoux, cadeaux de son époux et éléments
indispensables de l'élévation sociale dont ce portrait est
le manifeste. Aux luxes de la parure – Lady Meux porte même
une tiare – s'ajoute la présence d'une étole blanche, peut-être

67 Galassi 2003, p. 159.
68 Lettre de Valerie Susan
    Meux à Whistler,
    13 janvier 1892, Waltham
    Cross ; repris dans
    Glasgow 2003-2010,
    GUW 04071.
69 Attribué à Mortimer
    Menpes ou Charles
    H. F. Brookfield,
    Whistler's Lady Meux,
    avant 1911, encre
    et aquarelle, 12,7 × 19 cm,
    Philadelphie, Rosenbach
    Museum & Library,
    D 2/12.
70 Julian Hawthorne,
    « A Champion of
    Art », *The Independent*,
    vol. 52, 2 novembre
    1899, p. 2957-2958,
    cité dans Londres, Paris,
    Washington 1995, p. 201.
71 Voir Galassi 2003, p. 176.

Arrangement en noir : Lady Meux [*Arrangement in Black: Lady Meux*], 1881, huile sur toile, 194,3 × 130,2 cm, Honolulu, Academy of Arts

87 *Arrangement en couleur chair et noir : portrait de Théodore Duret* [*Arrangement in Flesh Colour and Black: Portrait of Théodore Duret*], 1883-1884, huile sur toile, 193,4 × 90,8 cm, New York, The Metropolitan Museum of Art

en hermine, qui vient souligner les courbes de la silhouette. Rarement Whistler aura donné autant de sensualité et de présence physique à un modèle. Les époux Pennell notent que le portrait a « quelque chose de plus matériel que les autres portraits de femmes de Whistler[72] » et évoque une « majesté presque royale[73] ». Dans son deuxième portrait, Valerie Meux porte une robe de jour en satin rose et mousseline grise, dont on peut penser qu'elle est la création d'un grand couturier français de l'époque[74]. Sa pose de profil met en valeur le galbe de sa silhouette ainsi que la traîne, véritable morceau de peinture vigoureusement brossé et placé au premier plan sous l'œil du spectateur. La palette de Whistler et sa touche enlevée ne sont pas sans évoquer ici plus qu'ailleurs l'art de Gainsborough[75]. Le regard assuré de la jeune femme ajoute au hiératisme de l'effigie.

Des « années de combat » à la reconnaissance

Alors que l'*Harmonie en rose et gris* est exposée à la Grosvenor Gallery en 1882, l'*Arrangement en noir* est lui présenté au Salon parisien la même année, signant le retour de Whistler dans cette vénérable institution qui n'avait pas montré d'œuvre de l'artiste depuis 1867. S'ouvre là pour Whistler ce que le critique, ami et biographe du peintre Théodore Duret appelle « les années de combat[76] ». Alternant entre peinture de paysages en extérieur, réalisés notamment lors de séjours au bord de la mer et de voyages, et commandes de portraits, Whistler cherche aussi des lieux et des occasions pour exposer régulièrement et défend plus que jamais sa vision de l'art dans la presse, auprès de critiques, multipliant les conférences et les publications. En 1886, il est élu président de la Society of British Artists. Progressivement, l'artiste s'impose comme une des figures majeures de l'avant-garde européenne. La conférence *Ten O'Clock*, donnée pour la première fois à Londres le 20 février 1885 (puis à Cambridge et Oxford), fait grand effet – Oscar Wilde vante l'éloquence de l'artiste[77] – et contribue à populariser sa pensée : « La nature contient les éléments, en couleur et forme, de toute peinture, comme le clavier contient les notes de toute musique. Mais l'artiste est né pour en sortir, et choisir, et grouper avec science, les éléments, afin que le résultat en soit beau – comme le musicien assemble ses notes et forme des accords – jusqu'à ce qu'il éveille du chaos la glorieuse harmonie[78]. »

En France, Whistler gagne de nouveaux soutiens, Théodore Duret d'abord, rencontré via Manet en 1880, et qui rend compte du procès Whistler-Ruskin dans un article de la *Gazette des beaux-arts* en avril 1881[79]. Rendant compte de l'affaire à sa nièce Esther, Camille Pissarro écrit alors : « […] tout ce que je sais, c'est qu'il [Ruskin] a une piètre idée des œuvres de Whistler, ce qui est grave, très grave, car cet artiste américain est un grand artiste et le seul dont l'Amérique puisse se glorifier à juste titre[80]. » Après avoir envoyé au Salon de 1882 le portrait noir de Lady Meux – qui fait dire à Degas

72 Pennell 1913, p. 227.
73 *Idem.*
74 Galassi 2003, p. 171.
75 *Idem.*
76 Duret 1904, p. 93.
77 Londres, Paris, Washington 1995, p. 176.
78 Whistler 1888, p. 14.
79 Théodore Duret, « Artistes anglais. James Whistler », *Gazette des beaux-arts*, 1er avril 1881, p. 365-370.
80 Lettre de Pissarro à sa nièce Esther, 20 mars 1882 ; repris dans Janine Bailly-Herzberg (dir.), *Correspondance de Camille Pissarro*, t. I, 1865-1885, Paris, Presses universitaires de France, 1980, p. 160.

« un Whistler étonnant, raffiné à l'excès, mais d'une trempe[81] ! » –, Whistler présente en 1883 l'*Arrangement en gris et noir nº 1* sous le titre « Portrait de ma mère[82] » et qui lui vaut une médaille de troisième classe et les éloges de Duret. Le peintre réalise alors son portrait en habit du soir sur fond gris, chapeau haut de forme, éventail rouge et domino rose au bras (**FIG. 87**). À partir de ces années, Whistler est très présent au Salon (Salon des artistes français, puis à partir de 1891 au Salon dissident de la Société nationale des beaux-arts), envoyant presque chaque année des peintures – anciennes ou récentes – et des estampes, et ce jusqu'à l'année précédant sa mort. Il participe également à des présentations chez des marchands comme Paul Durand-Ruel et Georges Petit. L'accueil reste cependant mitigé tout au long des années 1880. L'écrivain Joris-Karl Huysmans, dans sa critique du Salon de 1884, écrit que cet art est « loin de tout, plus près peut-être de l'art de Baudelaire et d'Edgar Poe que de l'art de la peinture proprement dit[83] », « son œuvre est évidemment incompréhensible pour les grossières foules[84] ». Présenté à Whistler par Monet en juin 1888, le poète Stéphane Mallarmé devient un de ses plus proches amis à Paris, et accepte de traduire le *Ten O'Clock* en français. En échange Whistler fait le portrait lithographique de Mallarmé pour servir de frontispice à la première édition de *Vers et prose* en 1893. L'écrivain lui ouvre les portes de ses « mardis » et bientôt le peintre devient le héros d'une nouvelle génération de poètes et de critiques symbolistes, qui voit dans son art de la suggestion et ses titres musicaux l'application des correspondances baudelairiennes et un certain rejet du monde moderne.

En 1889, Whistler obtient une médaille d'or à l'Exposition universelle pour une œuvre de jeunesse, *Variation en couleur chair et vert : le balcon* (**FIG. 79**), et la même année est décoré de la Légion d'honneur. Il aura fallu près de vingt-cinq ans pour qu'un tableau comme celui-ci obtienne un réel succès officiel. Célébré désormais partout en Europe – il obtient d'importants honneurs et récompenses à Paris, Munich et Amsterdam –, l'artiste voit désormais ses œuvres entrer dans les collections des musées. En 1891, Glasgow fait l'acquisition du portrait de Thomas Carlyle (*Arrangement en gris et noir nº 2 : portrait de Thomas Carlyle*, vers 1873-1874, Glasgow Museums), puis, la même année, le musée du Luxembourg, à Paris, achète pour la modeste somme de 4 000 francs le chef-d'œuvre du peintre, *Portrait de la mère de l'artiste*, grâce à la campagne menée par Mallarmé, Duret, Monet et les critiques Roger Marx et Gustave Geffroy auprès du conservateur Léonce Bénédite et de l'administration des Beaux-Arts[85]. Il faut se rappeler que *Olympia* de Manet est entrée l'année précédente dans les collections de ce musée, par souscription. Si le *Portrait de la mère de l'artiste* est la première peinture américaine des collections nationales, Whistler refuse d'être présenté dans une section de peintures étrangères et demande à être exposé avec ses amis français. Le peintre

81 Lettre de Degas à Henri Rouart, 2 mai 1882 ; repris dans M. Guérin, *Lettres de Degas*, Paris, Grasset, 1945, p. 62.

82 Whistler n'emploie pas de titres musicaux ou abstraits pour ses œuvres lors de ses participations à des expositions à Paris pendant les années 1880.

83 Joris-Karl Huysmans, « Le Salon officiel de 1884 », *La Revue indépendante*, 1884, vol. 1, p. 109.

84 *Ibid.*, p. 111.

85 Lacambre 1995, p. 143. Voir aussi MacDonald et Newton 1978.

n'a accepté de vendre le portrait de sa mère qu'à condition que l'œuvre aille au Louvre après sa mort. Imaginant peut-être la place qu'occupera un jour son tableau dans le musée, Whistler réalise alors une lithographie de la Grande Galerie.

Arrangement en noir et or :
comte Robert de Montesquiou-Fezensac

C'est dans ce contexte que Whistler reçoit la commande d'un de ses derniers grands portraits, et peut-être l'un des plus célèbres, le portrait de Robert de Montesquiou-Fezensac. Membre d'une grande famille aristocratique française dont les origines remontent aux Mérovingiens, le comte de Montesquiou est l'une des figures les plus flamboyantes du Paris fin de siècle. Poète et écrivain, critique et amateur d'art, esthète et dandy, il adopte la chauve-souris et l'hortensia bleu comme emblèmes et prône le raffinement, la sophistication et l'excentricité en toute chose[86]. Sa personnalité « décadente » et l'aménagement particulièrement original de l'appartement qu'il occupe dans l'hôtel familial du quai d'Orsay dans les années 1880 (FIG. 88) inspirent à l'écrivain Huysmans le personnage du duc Jean Floressas Des Esseintes, antihéros d'À rebours (1884). En 1891, Edmond de Goncourt note au sujet de sa maison de la rue Franklin : « un logis tout plein d'un méli-mélo d'objets disparates, de vieux portraits de famille, de meubles Empire, de kakémonos japonais, d'eaux-fortes de Whistler[87] ».

Whistler fait la connaissance de Montesquiou lors d'un voyage à Londres en 1885. C'est l'écrivain américain Henry James – auprès de qui Montesquiou a été introduit par ses amis les peintres Jacques-Émile Blanche et John Singer Sargent – qui organise la rencontre dans la capitale britannique[88]. Fasciné par la figure esthète de Whistler, Montesquiou nourrit dès lors le projet d'un portrait. Alors qu'il doit envoyer à l'Exposition universelle de 1889 son portrait par Henri-Lucien Doucet (Château de Versailles), Montesquiou écrit à Whistler qu'il regrette que ce tableau ne fût pas lui. La véritable commande d'un grand portrait intervient en février 1891 : « Non, ce qui m'amènerait plutôt vers vous c'est faire un pas vers votre palette. C'est voir et savoir et avoir et savourer de quoi il retourne à cet endroit sensible où pendent, avec les curiosités des nations présentes, et l'ébaudissement des époques futures, le corollaire graphique, le témoignage figuratif indispensable & unique, et le commentaire consacrant de ce que j'ai l'intention de laisser de gloire ! – avec aussi un petit intérêt pour vous je pense[89]. » Le poète a une idée assez précise de ce à quoi il ne veut pas que ce portrait ressemble, c'est-à-dire à un simple dandy. Aussi fait-il écrire à sa cousine la comtesse Greffulhe – sous le charme de qui est tombé Whistler lors de ses derniers séjours à Paris – une lettre à l'artiste pour le mettre sur la voie de quelques idées de composition, et notamment d'un portrait de profil : « Il faut

86 Voir Munhall 1995, p. 28 et suivantes.
87 Edmond et Jules de Goncourt, *Journal, mémoires de la vie littéraire*, t. III, 1887-1896, 7 juillet 1891, vol. 8, Paris, G. Charpentier et E. Fasquelle, 1895, p. 252.
88 Munhall 1995, p. 62.
89 Lettre de Robert de Montesquiou-Fezensac à Whistler, [13] février 1891, Preuilly ; repris dans Glasgow 2003-2010, GUW 04128.

Anonyme, *Salle à manger de Robert de Montesquiou*, vers 1900, aristotype, 24 × 28,5 cm, Paris, musée d'Orsay

que cette vision unique soit unique – Soyez long à choisir la pose.
[…] Il faut se garder d'être trop vite séduit par l'extrême élégance
de sa race – Je tremblerais de voir un "Robert de Montesquiou"
"chic jeune homme de la fin du XIXe siècle" (qu'il sait aussi être)
– Vous voudrez le regard : et vous aurez raison ! – Je voudrais
le profil et j'aurais raison[90] ! »

Les premières séances de pose ont lieu à Londres, dans
l'atelier de Whistler, entre mars et mai 1891. À ce stade, l'artiste
semble travailler à deux différents portraits, l'un en noir et l'autre
en gris, où Montesquiou porte un grand manteau et une écharpe.
Elles reprennent ensuite à Paris pendant l'hiver 1891-1892, mais
seul le portrait noir demeure, l'autre ayant été probablement
abandonné. Montesquiou livrera quelques années plus tard
ses impressions sur ces séances à observer l'artiste au travail :
« […] il se comporte à la façon d'un chat-tigre dont on viendrait
d'ouvrir la cage, au point qu'il faut, alors, enlever les meubles
pour empêcher le peintre de les renverser en bondissant, lorsqu'il
se recule, on dirait pour puiser une touche dans l'essence même
du modèle, et de la reporter sur la toile sans lui laisser le temps
de s'évaporer ou de s'évanouir[91]. » Whistler se montre tour à tour
d'une extrême vivacité ou d'une grande lenteur, avec sa « curieuse
façon de retarder, de balancer ladite touche, de la promener dans
l'air de longs instants avant de la poser à la place précise où le travail
le réclamait, pour s'approcher davantage de la palpitation,
de la respiration et de la vie[92] ». En tout, ce n'est pas moins de cent
séances qui sont nécessaires à la réalisation du portrait. Pour
certaines d'entre elles, Whistler, qui ne peut abuser de la patience
de son commanditaire, fait appel à des modèles de substitution,
notamment le peintre Antonio de La Gandara et l'écrivain Logan
Pearsall Smith. Comme à son habitude, le peintre retravaille sans
cesse son tableau et, comme Pénélope, fait et défait son ouvrage,
grattant la toile à de nombreuses reprises avant d'arriver à un état
qui le satisfasse. Comme l'écrit Smith, « la peinture proprement dite
[…], tels que nous [la] voyons maintenant, fut exécutée en une très
brève période, mais celle-ci avait été précédée d'un nombre presque
infini de répétitions[93] ».

Le portrait final, nouvel « Arrangement en noir », donne à voir
le comte de Montesquiou-Fezensac debout le visage tourné vers
le spectateur – et non de profil comme le souhaitait le modèle –,
portant un habit noir de soirée, un plastron et une cravate blanche,
tenant dans sa main gantée de gris une canne marron et portant
sur le bras un manteau gris bordé de fourrure de chinchilla
(**CAT. 47**). Détail symbolique, puisque l'accessoire lui a été prêté
par la comtesse Greffulhe, qui est ainsi présente dans l'œuvre.
Le tableau est particulièrement proche du premier tableau noir
de Whistler, le portrait de Frederick Leyland, où l'on retrouve
cette même pose et cette même touche de gris au bras du modèle.
Le point de vue légèrement en contre-plongée adopté par le peintre
étire et met en valeur la silhouette longiligne de Montesquiou,
qui semble nous dévisager, presque nous défier du regard.

90 Lettre d'Élisabeth de Riquet de Caraman-Chimay, comtesse Greffulhe, à Whistler, 16 mars 1891, Paris ; repris dans Glasgow 2003-2010, GUW 01857.

91 Robert de Montesquiou, *Les Pas effacés : Mémoires et souvenirs*, t. II, Paris, Émile-Paul Frères, 1923, p. 259-262.

92 *Idem.*

93 L. Pearsall Smith, *Unforgotten Years*, Boston, 1939, p. 209, cité dans Munhall 1995, p. 79.

Dans le long poème « Moth » (papillon de nuit) composé par Montesquiou pour célébrer l'achat de l'*Arrangement en gris et noir n° 1* par l'État, quelques quatrains évoquent le portrait :

> Notre enchanteur sourit : « Vous errez par la chambre
> Encore, mais il vous faut habiter ce châssis… »
> – Et c'est bien notre propre espèce qui se cambre
> Tout entière, ou s'allonge au-dessous des glacis.
> [...]
> Ces yeux que nul n'a fait voir, comme en ta peinture,
> Ces yeux du deuil des nuits, ces yeux du bleu des jours ;
> Ces yeux auxquels tu dis, Maître, en l'instant qui dure :
> « Regardez un moment, pour regarder toujours[94] ! »

Intitulée *Arrangement en noir et or*, la peinture ne représente pourtant aucun élément doré. Comme l'a suggéré Edgar Munhall, la clé de cette énigme se trouve peut-être dans le cadre de l'œuvre, que Whistler prend en compte comme un élément à part entière du tableau[95]. En effet, au bout de quelques séances, l'artiste met la toile dans son cadre et poursuit son travail en intégrant la dorure de l'objet dans l'harmonie générale de l'œuvre. Peindre sur une toile déjà encadrée lui permet également de vérifier que sa figure ne « sorte » pas de cette « fenêtre ». Arthur Jerome Eddy, qui fut l'un des derniers modèles de Whistler, rapporte ainsi ses propos : « Le but unique du peintre non averti est de faire "ressortir" son homme du cadre, sans jamais s'imaginer que, bien au contraire, il devrait en fait [...] se tenir *dans* le cadre, et à une profondeur derrière lui égale à la distance de laquelle le peintre voit son modèle. Le cadre est en effet la fenêtre à travers laquelle le peintre regarde son modèle, et rien ne pourrait être plus violemment inartistique que cette tentative de propulser le modèle de l'autre côté de cette fenêtre[96]. » Pour préserver cet effet, Whistler baigne son portrait d'une douce obscurité et veille à ce que ses teintes les plus claires (le visage, la cravate, le gant) ne soient pas plus lumineuses que l'or du cadre. Cette volontaire « distance » entre le spectateur et le modèle, qui préserve le mystère de la figure et la curiosité du regardeur, est sans doute l'un des éléments les plus forts et originaux de l'art de Whistler portraitiste.

Le portrait est achevé à la fin du mois de février 1892 et le modèle en est très satisfait : « Il est enchanté !, écrit Whistler à son épouse, [...] j'aurais voulu que vous les voyiez tous les deux [Montesquiou et sa cousine la Marquise de Montebello] devant le tableau – Ils étaient splendides ! [...] ils étaient très fiers du tableau dans lequel ils voyaient une apothéose d'eux-mêmes, de leur naissance, de leur "race" ! – "C'est un sentiment de fierté", a dit le comte, "sans la moindre vanité" ! "C'est *noble*", a dit la grande dame avec une sorte d'intonation religieuse – et ils étaient réellement en adoration devant une sorte de monument à leur sang bleu[97] ! » Les termes de la commande ne semblant

94 Robert de Montesquiou, *Les Chauves-Souris. Clairs-Obscurs*, Paris, G. Richard, 1893 [1892 pour la première impression privée à 100 exemplaires].

95 Munhall 1995, p. 66.

96 Arthur Jerome Eddy, *Recollections and Impressions of James A. McNeill Whistler*, Philadelphie, Londres, 1903, p. 242, cité dans Munhall 1995, p. 66.

97 Lettre de Whistler à Beatrice Whisler, non datée [31 janvier 1892], Paris ; repris dans Glasgow 2003-2010, GUW 06003.

pas avoir été très formels entre Whistler et Montesquiou, ce dernier rétribue – partiellement ? – le peintre en lui faisant cadeau d'un grand lit bateau Empire[98] censé avoir été donné par l'empereur Napoléon à la grand-mère de l'aristocrate, Louise Charlotte Le Tellier, comtesse de Montesquiou et gouvernante du roi de Rome. Malgré ce « paiement », Whistler, peut-être encore insatisfait de son travail, ne consent à rendre le « Chevalier noir[99] » (surnom donné par l'artiste à ce tableau) à Montesquiou que deux ans plus tard, à l'occasion du Salon de la Société nationale des beaux-arts au printemps 1894. Les réactions à l'exposition sont encore contrastées, mais les commentaires élogieux sont nombreux. Pour le critique Gustave Geffroy : « […] ce portrait de Monsieur de Montesquiou sera un jour considéré comme un tableau d'histoire, cela est certain […]. C'est un singulier mélange, délicatement dosé, de hardiesse et de finesse, d'ironie et de mélancolie. D'ailleurs il en est de ce portrait comme de tous les beaux portraits. Il contient une somme d'énigmes qui donnera sans cesse à rêver au spectateur[100]. » Ce succès incite la presse artistique à proposer à ses lecteurs des reproductions de l'œuvre, d'abord photographiques, mais aussi gravées. La *Gazette des beaux-arts* commande ainsi au graveur Henri-Charles Guérard une estampe (**FIG. 89**), mais celle-ci déplaît à Whistler, qui se propose d'en réaliser lui-même une version en lithographie. Il existe également plusieurs versions de l'œuvre lithographiées par Beatrice Whistler, artiste avec laquelle s'est marié le peintre en 1888[101] (**FIG. 90**).

Après la fermeture du Salon, le portrait est installé dans la résidence de Montesquiou et de son compagnon Gabriel Yturri à Versailles puis, après 1900, dans la salle à manger de sa nouvelle demeure, le « Pavillon des muses », avenue Maillot à Neuilly, où sont organisées de somptueuses fêtes et que la presse est conviée à photographier. Pendant ces années, Montesquiou continue d'introduire Whistler auprès de ses cercles mondains. Ainsi, en 1895, c'est chez Montesquiou que Marcel Proust, devenu le protégé du comte, qui l'a également introduit « du côté de Guermantes » auprès de la haute société parisienne, rencontre – ce sera la seule fois – le peintre, le 8 mars 1895. Le jeune homme, dont le portrait par Blanche porte la marque de la vogue « whistlériste » qui s'est emparée de certains artistes français (Paris, musée d'Orsay), se montre fasciné par le peintre, admire le *Portrait de la mère de l'artiste* au Luxembourg et choisit pour unique décoration de sa chambre une photographie d'après le *Portrait de Thomas Carlyle* de Whistler. L'écrivain immortalisera les deux hommes quelques années plus tard sous les traits du baron de Charlus et du peintre Elstir, dans *À la recherche du temps perdu*.

Les relations entre Whistler et son modèle se distendent progressivement, jusqu'à la révélation en 1902 de la vente du tableau par Montesquiou à un très riche collectionneur américain amateur de Whistler, Richard A. Canfield, qui blesse

98 Fabricant inconnu, *Lit dit « de Whistler »*, vers 1800-1820, Paris, acajou vernis et bronzes dorés, Londres, The Victorian and Albert Museum.

99 « Mais quelle inspiration d'avoir envoyé le chercher ! et juste à temps – car est venu un ultimatum du Champs de Mars – exigeant immédiatement toutes les toiles ! – Il est donc parti – le Chevalier Noir ! », lettre de Whistler à Robert de Montesquiou-Fezensac, non datée, entre le 15 et le 24 avril 1894, Paris ; repris dans Glasgow 2003-2010, GUW 13616.

100 Gustave Geffroy, « Notes sur le Salon, II – Whistler », *La Justice*, 26 avril 1894, p. 1.

101 Fille du sculpteur John Bernie Philip, artiste – elle expose à la Society of British Artists en 1886 comme « élève de Whistler » – Beatrice Philip épouse en premières noces l'architecte Godwin, puis, après la mort de ce dernier, Whistler en 1888. Voir MacDonald 1997.

89 Henri-Charles Guérard, *Le Comte Robert de Montesquiou-Fezensac*, vers 1890, pointe sèche, roulette et aquatinte, 25,2 × 17,8 cm, Paris, Bibliothèque nationale de France **90** Beatrice Godwin Whistler, *Comte Robert de Montesquiou [Count Robert de Montesquiou]*, vers 1892, lithographie, 19,5 × 7,9 cm, New York, The Frick Collection

91   *Le Brun et l'Or*, 1895-1900, huile sur toile, 95,8 × 51,5 cm, Glasgow, The Huterian Gallery, University of Glasgow

profondément l'artiste. On apprend à l'occasion de la brouille
entre les deux hommes que Montesquiou avait promis de léguer
l'œuvre au Louvre, où auraient été réunis l'un des premiers
arrangements en noir de l'artiste et l'un de ses plus tardifs :
« Bravo Montesquiou ! – et les belles paroles, et le legs au Musée
du Louvre ont dû céder aux Dollars Américains ! Nécessité
Noblesse oblige[102] ! » Whistler tenait à cette idée et devait
considérer le portrait de Montesquiou comme une de ses
dernières grandes réussites, si l'on en juge par sa réaction.

Depuis les années 1890, Whistler a atteint la gloire
et ses œuvres se vendent, se revendent même, très cher auprès
d'une clientèle majoritairement américaine – Canfield, Charles
Lang Freer, plus tard Henry Clay Frick, qui se réapproprie
désormais l'artiste devenu « grand homme ». Whistler s'est
installé à Paris en 1892, dans un petit appartement rue du Bac,
et a acheté un atelier rue Notre-Dame-des-Champs (**FIG. 92**).
Amer envers l'Angleterre, le peintre des « Nocturnes » bénéficie
d'une formidable aura en France, obtient plus de commandes
de portraits qu'il n'en a jamais eues, et reçoit la visite de nombreux
jeunes artistes américains venus chercher ses conseils.
Un nouveau procès en 1895[103], la maladie et la mort de Beatrice
Whistler en 1896 ternissent les dernières années de la vie
de l'artiste. Peint en 1895, présenté à l'Exposition universelle
de 1900 (où l'artiste obtient deux grands prix de peinture
et gravure), puis entièrement effacé, repris et jamais terminé,
le dernier autoportrait de Whistler témoigne de la dépression
et des terribles doutes qui l'assaillent alors (**FIG. 91**). Malade,
il vend son logement parisien, séjourne sur les bords
de la Méditerranée quelque temps puis rentre à Londres. Whistler
meurt en juillet 1903, alors que se préparent plusieurs grandes
expositions de son œuvre en France et en Angleterre[104].

102 Lettre de Whistler
à Robert
de Montesquiou-
Fezensac, [7] décembre
1892, Londres ; repris
dans Glasgow 2003-
2010, GUW 04161.
103 Sir William Eden
poursuit en justice
Whistler pour n'avoir
pas livré le portrait
attendu de sa femme,
l'artiste estimant
de son côté le paiement
insuffisant.
104 Pennell 1913, p. 420.

92   Studio Dornac, *Whistler dans son studio parisien du 86, rue Notre-Dame-des-Champs*, 1892, photographie, Washington D.C., Freer Gallery of Art and Arthur M. Sackler Archives, Charles Lang Freer Papers

Annexes

Bibliographie sélective

Bailey 2006
Bailey, Colin B., *Building The Frick Collection. An Introduction to the House and Its Collections*, New York, Scala Publishers Ltd, 2006.

Bailey 2011
Bailey, Colin B., *Fragonard's Progress of Love at the Frick Collection*, New York, The Frick Collection / D. Giles Ltd, 2011.

Blanche 1905
Blanche, Jacques-Émile, « James MacNeill Whistler », *La Renaissance latine*, quatrième année, t. II, 15 juin 1905, p. 353-378.

Davidson et Munhall 1968
Davidson, Bernice, et Edgar Munhall (dir.), *The Frick Collection. An Illustrated Catalogue. Volume I. Paintings. American, British, Dutch, Flemish and German*, New York, The Frick Collection / Princeton University Press, 1968.

Davidson *et al.* 2003
Davidson, Bernice, *et al.*, *The Frick Collection. An Illustrated Catalogue. Volume IX. Drawings, Prints and Later Acquisitions*, New York, The Frick Collection, 2003.

Duret 1904
Duret, Théodore, *Histoire de James Mc N. Whistler et de son œuvre*, Paris, H. Floury, 1904.

Finocchio 2008
Finocchio, Ross, « Henry Clay Frick's Pursuit of Holbein Portraits », *The Burlington Magazine*, vol. 150, n° 1259, février 2008, p. 91-97.

Finocchio 2013
Finocchio, Ross, « "Frick buys a freak": Dagnan-Bouveret and the Development of the Frick Collection », *The Burlington Magazine*, vol. 155, n° 1329, décembre 2013, p. 827-831.

Finocchio 2014
Finocchio, Ross, « The One That Got Away: Holbein's *Christina of Denmark* and British Portraits in The Frick Collection », dans *British Models of Art Collecting and the American Response. Reflections Across the Pond*, Inge Reist (dir.), Burlington, Routledge / Ashgate, 2014, p. 181-193.

Frick 1959
Frick, Helen Clay, *My Father, Henry Clay Frick*, Pittsburgh, The Pittsburgh Press, 1959.

Galassi 2001
Galassi, Susan Grace, « Rearranging Rosa Corder », *Apollo*, vol. 154, n° 476, octobre 2001, p. 24-36.

Galassi 2003
Galassi, Susan Grace, « Whistler and Aesthetic Dress: Mrs. Frances Leyland », « The Artist as Model: Rosa Corder » et « Lady Henry Bruce Meux and Lady Archibald Campbell » (avec Helen M. Burnham), dans cat. exp. New York 2003, p. 92-115, p. 115-131 et p. 156-183.

Gardiner 1930
Gardiner, Alexander, *Canfield: The True Story of the Greatest Gambler*, New York, Garden City, Doubleday, Doran and Company, 1930.

Grieve 2000
Grieve, Alastair, *Whistler's Venice*, New Haven et Londres, Yale University Press, 2000.

Hall *et al.* 2016
Hall, Sarah, *et al.*, *The Frick Pittsburgh, A Guide to the Collection*, New York, Scala Arts Publishers, 2016.

Harvey 1936
Harvey, George, *Henry Clay Frick. The Man*, imprimé à titre privé (New York et Londres, C. Scribner's sons, 1928, pour la première édition).

Hollinghurst et Salomon (à paraître)
Hollinghurst, Alan, et Xavier F. Salomon, *Fragonard's Progress of Love*, New York (à paraître).

Horowitz 1979
Horowitz, Ira M., « Whistler's Frames », *Art Journal*, vol. 39, n° 2, hiver 1979-1980, p. 124-131.

Howard 2021
Howard, Jeremy, « Frick's Consolation Prize: Anthony Van Dyck's Portraits of Frans Snyders and Margareta de Vos and Their Sale by Colnaghi and Knoedler in 1909 », dans *What's Mine Is Yours. Private Collectors and Public Patronage in the United States. Essays in Honor of Inge Reist*, Esmée Quodbach (dir.), New York, The Frick Collection / Madrid, Centro de Estudios Europa Hispánica, 2021, p. 233-253.

Kennedy 1910
Kennedy, Edward Guthrie, *The Etched Work of Whistler illustrated by reproductions in callotype of the different states of plates*, New York, The Grolier Club, 1910.

Lacambre 1995
Lacambre, Geneviève, « Whistler et la France », dans cat. exp. Londres, Paris, Washington 1995, p. 39-47.

MacDonald 1987
MacDonald, Margaret F., « Maud Franklin », *Studies in the History of Art*, vol. 19, *James McNeill Whistler, A Reexamination*, Symposium Papers VI, 1987, p. 13-26.

MacDonald 1995
MacDonald, Margaret F., *James McNeill Whistler. Drawings, Pastels and Watercolours. A Catalogue Raisonné*, New Haven et Londres, Yale University Press, 1995.

MacDonald 1997
MacDonald, Margaret F., *Beatrice Whistler, Artist & Designer*, Glasgow, Hunterian Art Gallery, University of Glasgow, 1997.

MacDonald 2001
MacDonald, Margaret F., *Palaces in the Night. Whistler in Venice*, Aldershot, Lund Humphries, 2001.

MacDonald *et al.* 2003
MacDonald, Margaret F., Kevin Sharp, Martha Tedeschi, Georgia Toutziari et William Vaughan (éd.), *Whistler's Mother: An American Icon*, Aldershot, Lund Humphries, 2003.

MacDonald et Newton 1978
MacDonald, Margaret F., et Joy Newton, « The Selling of Whistler's "Mother" », *The American Society of Honor Magazine*, vol. 19, n° 2, 1978, p. 97-120.

Merrill 1992
Merrill, Linda, *A Pot of Paint: Aesthetics on Trial in Whistler v. Ruskin*, Washington et Londres, Smithsonian Institution Press, 1992.

Merrill 1998
Merrill, Linda, *The Peacock Room. A Cultural Biography*, New Haven et Londres, Yale University Press, 1998.

McLaren Young, MacDonald et Spencer 1980
McLaren Young, Andrew, Margaret MacDonald, Robin Spencer, avec l'assistance d'Hamish Miles, *The Paintings of James McNeill Whistler*, New Haven et Londres, Yale University Press, 1980.

Munhall 1995
Munhall, Edgar J., *Whistler and Montesquiou. The Butterfly and the Bat*; traduction française : *Whistler et Montesquiou, le papillon et la chauve-souris*, New York, The Frick Collection / Paris, Flammarion, 1995.

Munro et Stirton 1998
Munro, Jane, et Paul Stirton, *The Society of Three, Alphonse Legros, Henri Fantin-Latour, James McNeill Whistler*, Cambridge, Fitzwilliam Museum, 1998.

Newton 1990
Newton, Joy (éd.), *La Chauve-souris et le Papillon, correspondance Montesquiou-Whistler*, Glasgow, University of Glasgow French and German publ., 1990.

Owens 2020
Owens, Eloise, « A Portrait by William Beechey in The Frick Collection, New York », *The Burlington Magazine*, vol. 162, n° 1405, 2020, p. 316-318.

Pennell 1913
Pennell, Elizabeth et
Joseph, *James McNeill
Whistler. Sa vie et son
œuvre*, Paris, Librairie
Hachette, 1913
[1908 pour l'édition
originale en anglais].

Saltzman 2008
Saltzman, Cynthia,
*Old Masters, New World.
America's Raid on
Europe's Great Pictures*,
Londres, Viking Press,
2008.

Scharlach 1990
Scharlach, Bernice, *Big Alma.
San Francisco's
Alma Spreckels*,
San Francisco,
Scottwall Associates,
1990.

Scott 2021
Scott, Nancy, « Henry Clay
Frick and the Museum
of Fine Arts, Boston.
The blockbuster
exhibition of 1910 »,
*Journal of the History
of Collections*, vol. 33,
[en ligne], 2021,
p. 341-358.

Spencer 1987
Spencer, Robin, « Whistler,
Manet, and the
Tradition of the
Avant-Garde »,
*Studies in the History
of Art*, vol. 19, *James
McNeill Whistler,
A Reexamination*
(Ruth E. Fine, éd.),
Center for Advanced
Study in the Visual
Arts, Symposium
Papers VI, National
Gallery of Art,
Washington, Hanover
et Londres, University
Press of New England,
1987, p. 47-64.

Standiford 2005
Standiford, Les, *Meet
You in Hell. Andrew
Carnegie, Henry
Clay Frick, and the
Bitter Partnership that
Transformed America*,
New York, Crown,
2005.

Sutherland 2008
Sutherland, Daniel E.,
« James MacNeill
Whistler in Chile:
Portrait of the Artist
as Arms Dealer »,
*American Nineteenth-
Century History*,
vol. 9, nº 1, mars 2008,
p. 61-73.

Sutherland 2018
Sutherland, Daniel E.,
*Whistler: A Life for
Art's Sake*, New Haven
et Londres, Yale
University Press, 2018.

Sutherland et Toutziari 2018
Sutherland, Daniel E.,
et Georgia Toutziari,
*Whistler's Mother:
Portrait of an
Extraordinary Life*,
New Haven et Londres,
Yale University Press,
2018.

Symington Sanger 2001
Symington Sanger, Martha,
*The Henry Clay Frick
Houses*, New York,
Monacelli Press, 2001.

Whistler 1888
Whistler, James McNeill,
*Le « Ten O'Clock »
de M. Whistler*,
traduction française
de Stéphane Mallarmé,
Londres, Chatton
and Windus / Paris,
Librairie de la Revue
indépendante, 1888
[1886 pour l'édition
originale en anglais].

Whistler 1994
Whistler, James McNeill,
*Selected Letters
and Writings of James
McNeill Whistler,
1849-1903*, Nigel Throp
(éd.), Manchester,
Carcanet / Glasgow,
The Centre for
Whistler Studies,
Glasgow University
Library, 1994.

CATALOGUES D'EXPOSITION

New York, Toronto 1984
*The Etchings of James
McNeill Whistler*,
Katharine A. Lochnan,
New York, The
Metropolitan Museum
of Art, 14 septembre
– 11 novembre 1984 ;
Toronto, The Art
Gallery of Ontario,
24 novembre 1984
– 13 janvier 1985,
New Haven et Londres,
Yale University Press,
1984.

**Londres, Paris, Washington
1995**
Whistler, 1834-1903,
Richard Dorment,
Margaret MacDonald
(dir.), Londres, Tate
Gallery, 13 octobre
1994 – 8 janvier 1995 ;
Paris, musée d'Orsay,
6 février – 30 avril
1995, Washington,
National Gallery of Art,
28 mai – 20 août 1995,
Paris, Réunion
des musées nationaux,
1995.

New York 2003
*Whistler, Women
& Fashion*, Margaret
F. MacDonald,
Susan Grace Galassi,
Aileen Ribeiro avec
Patricia de Montfort
(dir.), New York,
The Frick Collection,
New Haven et Londres,
Yale University Press,
2003.

**Paris, New York, Chicago
2012**
*L'Impressionnisme et la
mode*, Gloria Groom
(dir.), Paris, musée
d'Orsay, 25 septembre
2012 – 20 janvier
2013 ; New York,
The Metropolitan
Museum of Art,
26 février – 27 mai
2013 ; Chicago, The Art
Institute of Chicago,
25 juin – 22 septembre
2013, Paris, Skira
Flammarion /
Musée d'Orsay, 2012.

RESSOURCE NUMÉRIQUE

Glasgow 2003-2010
Margaret F. MacDonald,
Patricia de Montfort,
Nigel Thorp (éd.),
*The Correspondence
of James McNeill
Whistler, 1855-1903*,
Glasgow, University
of Glasgow, 2003-2010,
édition en ligne :
http://www.whistler.
arts.gla.ac.uk/
correspondence
[mention abrégée
GUW].

Liste des œuvres exposées

AVERTISSEMENT :

Les œuvres exposées sont toutes de la main de James McNeill Whistler (Lowell, États-Unis, 1834 – Londres, Royaume-Uni, 1903).
Les titres des œuvres, donnés en français dans le catalogue, sont traduits des titres originaux en anglais indiqués entre crochets.
La rubrique « EXPOSITIONS » est exhaustive pour les œuvres de la Frick Collection.
Elle est exhaustive jusqu'à la mort de l'artiste, puis sélective pour les œuvres des collections du musée d'Orsay. Lorsque l'œuvre a été présentée sous un autre titre en France, la mention de ce titre est indiquée entre parenthèses après la mention de l'exposition.
La rubrique « BIBLIOGRAPHIE » est sélective et s'en tient aux monographies et catalogues de l'œuvre de référence.
Cette liste des œuvres est organisée par collection, puis par technique, puis par ordre chronologique des œuvres.

ŒUVRES DE LA FRICK COLLECTION, NEW YORK

PEINTURES

Symphonie en gris et vert : l'Océan [Symphony in Grey and Green: The Ocean], 1866
Huile sur toile, 80,6 × 101,9 cm
Inscription(s) : signé du monogramme papillon en bas à droite, et sur le cadre
Legs Henry Clay Frick, 1914.1.135
HISTORIQUE :
probablement, Christie's, Londres, 30 juin 1883 (lot 252) ; probablement acheté par Theodore Frederick Allingham ; Mrs. Peter Taylor, Brighton ; vendu à William Taylor Malleson, Croydon, en avril 1892 ; Richard Albert Canfield, Providence, Rhode Island et New York, vers 1904 ; vendu à Knoedler & Co., New York, 12 mars 1914 ; vendu par Knoedler & Co. à Henry Clay Frick, New York, 1914 ; légué à la Frick Collection, 1919.
EXPOSITIONS :
« 6th Winter Exhibition of Cabinet Pictures in Oil », Dudley Gallery, Londres, 1872, (cat. 37) ; « Retrospective Exhibition, College for Working Men et Women », Londres, 1889 (sans n°) ; « Nocturnes, Marines & Chevalet Pieces », Goupil Gallery, Londres, 1892 (cat. 15) ; « Exposition nationale des beaux-arts, Paris, 1892 (cat. 1069 : « Gris et vert : l'Océan ») ; « Oil Paintings, Water Colors, Pastels et Drawings : Memorial Exhibition of the Works of Mr. J. McNeill Whistler », Copley Society, Boston, 1904 (cat. 74) ; « Comparative Exhibition of Native et Foreign Art », Society of Art Collectors, New York, 1904 (cat. 183) ; « Œuvres de James McNeill Whistler », Palais de l'École des beaux-arts, Paris, 1905 (cat. 62).
BIBLIOGRAPHIE :
Davidson et Munhall 1968, p. 6-9 ; McLaren Young, MacDonald et Spencer 1980, cat. 72 ; Sutherland 2008 ; Sutherland 2018, p. 95-98. Cat. 43, p. 75

Symphonie en couleur chair et rose : portrait de Mrs. Frances Leyland [Symphony in Flesh Colour and Pink: Portrait of Mrs. Frances Leyland], 1871-1874
Huile sur toile, 195,9 × 102,2 cm
Inscription(s) : signé du monogramme papillon au-dessus de la boiserie basse à droite
Legs Henry Clay Frick, 1917.1.133
HISTORIQUE :
Frederick Richards Leyland ; légué à son fils, Frederick Dawson Leyland, mais resté en possession du modèle, Frances Leyland ; légué à la fille du modèle, Florence Leyland, 1910 ; acquis par Henry Clay Frick, New York, par l'intermédiaire d'Alice Buell Creelman, 1917 ; légué à la Frick Collection, 1919.
EXPOSITIONS :
« Mr. Whistler's Exhibition », Flemish Gallery, Londres, 1874 (cat. 2) ; « Whistler, Women & Fashion », The Frick Collection, New York, 2003.
BIBLIOGRAPHIE :
Davidson et Munhall 1968, p. 10-13 ; McLaren Young, MacDonald et Spencer 1980, cat. 106 ; Galassi dans New York 2003, p. 92-115 ; Sutherland 2018, p. 121-22, 132. Cat. 45, p. 77

Arrangement en brun et noir : portrait de Miss Rosa Corder [Arrangement in Brown and Black: Portrait of Miss Rosa Corder], 1876-1878
Huile sur toile, 192,4 × 92,4 cm
Legs Henry Clay Frick, 1914.1.134
HISTORIQUE :
Charles Augustus Howell ; vente, Christie's, Londres, 13 novembre 1890 (lot 545) ; acheté par Walford Graham Robertson, Londres ; vendu à Richard Albert Canfield, Providence, Rhode Island et New York, 1902-1903 ; vendu à Knoedler & Co., New York, 12 mars 1914 ; vendu par Knoedler & Co. à Henry Clay Frick, New York, 1914 ; légué à la Frick Collection, 1919.
EXPOSITIONS :
« III Summer Exhibition », Grosvenor Gallery, Londres, 1879 (cat. 54) ; « Exposition internationale de peinture », galerie George Petit, Paris, 1883 (cat. 1) ; « Exposition internationale de peinture et de sculpture », Société des XX, Bruxelles, 1884 (cat. 1) ; « International and Universal Exhibition », Crystal Palace, Londres, 1884 ; « Exposition Brown, Boudin, Caillebotte, Lépine, Morisot, Pissarro, Renoir, Sisley, Whistler », galerie Durand-Ruel, Paris, 1888 (cat. 41) ; « Retrospective Exhibition », College for Working Men and Women, Londres, 1889 (sans n°) ; « Première exposition », Société nationale des beaux-arts, Paris, 1891 (cat. 936 : « Portrait (arrangement en noir n° 7) ») ; probablement « VI. Internationale Kunst-Ausstellung », Königlicher Glaspalast, Munich, 1892 ; « Nocturnes, Marines & Chevalet Pieces », Goupil Gallery, Londres, 1892 (cat. 22) ; « Exposition universelle des beaux-arts », Anvers, 1894 (cat. 2366) ; « Den Internationale Kunstudstilling i København », Carlsberg Glyptotek, Copenhague, 1897 (cat. 199) ; « Exhibition of International Art », International Society of Sculptors, Painters et Gravers, Londres, 1898 (cat. 178) ; « III Esposizione Internazionale d'Arte della Città di Venezia », Venise, 1899 ; « 32nd Autumn Exhibition of Pictures », Walker Art Gallery, Liverpool, 1902 (cat. 1013) ; « Oil Paintings, Water Colors, Pastels and Drawings: Memorial Exhibition of the Works of Mr. J. McNeill Whistler », Copley Society, Boston, 1904 (cat. 25) ; « Œuvres de James McNeill Whistler », Palais de l'École des beaux-arts, Paris, 1905 (cat. 21) ; « Whistler, Women & Fashion », The Frick Collection, New York, 2003.
BIBLIOGRAPHIE :
Davidson et Munhall 1968, p. 14-17 ; McLaren Young, MacDonald et Spencer 1980, cat. 203 ; Galassi dans New York 2003, p. 116-31 ; Sutherland 2018, p. 150-51, 251, 256, 309, 336. Cat. 44, p. 76

Harmonie en rose et gris : portrait de Lady Meux [Harmony in Pink and Grey: Portrait of Lady Meux], 1881-1882
Huile sur toile, 193,7 × 93 cm
Inscription(s) : signé du monogramme papillon à droite
Legs Henry Clay Frick, 1919.1.132
HISTORIQUE :
Henry Bruce Meux ; légué à Valerie Susan Meux, 1900 ; légué à Sir Hedworth Lambton Meux, 1910 ; vendu à Henry Clay Frick, New York, 1919 ; légué à la Frick Collection, 1919.
EXPOSITIONS :
« VI Summer Exhibition », Grosvenor Gallery, Londres, 1882 (cat. 48) ; « Annual Exhibition of Sketches, Pictures & Photography: A Loan Collection of Pictures by Mr. Whistler », Dublin Sketching Club, Dublin, 1884 (cat. 243) ; « Nocturnes, Marines & Chevalet Pieces », Goupil Gallery, Londres, 1892 (cat. 43) ; « Exposition nationale des beaux-arts », Société nationale des beaux-arts, Champ-de-Mars, Paris, 1892 (cat. 1066) ; « Whistler, Women & Fashion », The Frick Collection, New York, 2003.
BIBLIOGRAPHIE :
Davidson and Munhall 1968, p. 18-20 ; McLaren Young, MacDonald et Spencer 1980, cat. 229 ; Galassi dans New York 2003, p. 157-78 ; Sutherland 2018, p. 184, 189, 203. Cat. 46, p. 78
Tableau non exposé

Arrangement en noir et or : comte Robert de Montesquiou-Fezensac [Arrangement in Black and Gold: Comte Robert de Montesquiou-Fezensac], 1891-1892
Huile sur toile, 208,6 × 91,8 cm
Inscription(s) : signé du monogramme papillon à gauche près de la main du modèle
Legs Henry Clay Frick, 1914.1.131

HISTORIQUE :
Robert de Montesquiou-Fezensac ; vendu
à Richard Albert Canfield, Providence, Rhode
Island et New York, par l'intermédiaire d'Arnold
Seligmann, 1902 ; vendu à Knoedler & Co.,
New York, 12 mars 1914 ; vendu par Knoedler
& Co. à Henry Clay Frick, New York, 1914 ; légué
à la Frick Collection, 1919.
EXPOSITIONS :
« Exposition nationale des beaux-arts »,
Société nationale des beaux-arts, Paris, 1894
(cat. 1186 : « Noir et or ; portrait du comte Robert
de Montesquiou-Fezensac ») ; « Oil Paintings,
Water Colors, Pastels et Drawings : Memorial
Exhibition of the Works of Mr. J. McNeill
Whistler », Copley Society, Boston, 1904
(cat. 39) ; « Whistler et Montesquiou. The
Butterfly and the Bat », The Frick Collection,
New York, 1995.
BIBLIOGRAPHIE :
Davidson et Munhall 1968, p. 21-25 ; McLaren
Young, MacDonald et Spencer 1980, cat. 398 ;
Munhall 1995 ; Sutherland 2018, p. 250, 279, 332.
Cat. 47, p. 79

PASTELS

Le Cimetière : Venise
[The Cemetery : Venice], 1879
Pastel et traces de dessin au crayon graphite sur
papier teinté brun, 20,3 × 30,1 cm
Inscription(s) : signé du monogramme papillon
en bas à gauche
Legs Henry Clay Frick, 1915.3.39
HISTORIQUE :
Richard Albert Canfield, Providence, Rhode
Island et New York, vers 1905 ; vendu à Knoedler
& Co., New York, 12 mars 1914 ; vendu par
Knoedler & Co. à Stephen C. Clark, New York,
1914 ; rendu à Knoedler, 1915 ; acquis par Henry
Clay Frick, New York, 1915 ; légué à la Frick
Collection, 1919.
EXPOSITIONS :
« Venice Pastels », Fine Art Society, Londres, 1881
(cat. 36) ; « Watercolours, Pastels, Drawings in
Black and White, Sculptures and Bronzes by
British and Foreign Artists Including a Selection
of Works by H. B. Brabazon, and a Group
of Works by the Late James McNeill Whistler »,
William Marsant & Co., Goupil Gallery, Londres,
1903 (cat. 171) ; « Watercolours, Pastels, Drawings
in Black and White, Sculptures and Bronzes by
British and Foreign Artists Including a Selection
of Works by H. B. Brabazon, and a Group
of Works by the Late James McNeill Whistler »,
William Marsant & Co., Goupil Gallery, Londres,
1904 (cat. 22) ; « Œuvres de James McNeill
Whistler », Palais de l'École des beaux-arts, Paris,
1905 (cat. 155) ; « Paintings in Oil and Pastel by
James A. McNeill Whistler », The Metropolitan
Museum of Art, New York, 1910 (cat. 23) ; « James
McNeill Whistler », Albright Art Gallery, Buffalo,
1911 (cat. 22) ; « Pastels and Drawings by James
McNeill Whistler », Knoedler & Co., New York,
1914 (cat. 24).

BIBLIOGRAPHIE :
MacDonald 1995, p. 270-271, cat. 738 ; Galassi
dans Davidson *et al.* 2013, p. 114-117.
Cat. 48, p. 80

Canal vénitien [Venetian Canal], 1880
Craie noire et pastel sur papier teinté brun,
30,1 × 20,5 cm
Inscription(s) : signé du monogramme papillon
en bas à gauche
Legs Henry Clay Frick, 1915.3.40
HISTORIQUE :
Richard Albert Canfield , Providence, Rhode
Island et New York, vers 1905 ; vendu à Knoedler
& Co., New York, 12 mars 1914 ; vendu par
Knoedler & Co. à Stephen C. Clark, New York,
1914 ; rendu à Knoedler, 1915 ; acquis par Henry
Clay Frick, New York, 1915 ; légué à la Frick
Collection, 1919.
EXPOSITIONS :
« Venice Pastels », Fine Art Society, Londres, 1881
(cat. 7) ; « Watercolours, Pastels, Drawings in Black
and White, Sculptures and Bronzes by British and
Foreign Artists Including a Selection of Works
by H. B. Brabazon, and a Group of Works by the
Late James McNeill Whistler », William Marsant
& Co., Goupil Gallery, Londres, 1903 (cat. 174) ;
« Watercolours, Pastels, Drawings in Black
and White, Sculptures and Bronzes by British
and Foreign Artists Including a Selection of Works by
H. B. Brabazon, and a Group of Works by the Late
James McNeill Whistler », William Marsant & Co.,
Goupil Gallery, Londres, 1904 (cat. 26) ; « Œuvres
de James McNeill Whistler », Palais de l'École des
beaux-arts, Paris, 1905 (cat. 157) ; « Paintings in
Oil and Pastel by James A. McNeill Whistler », The
Metropolitan Museum of Art, New York, 1910
(cat. 21) ; « James McNeill Whistler », Albright
Art Gallery, Buffalo, 1911 (cat. 20) ; « Pastels and
Drawings by James McNeill Whistler », Knoedler
& Co., New York, 1914 (cat. 22).
BIBLIOGRAPHIE :
MacDonald 1995, p. 288-289, cat. 779 ; Galassi
dans Davidson *et al.* 2013, p. 121-123.
Cat. 50, p. 81

Nocturne : Venise [Nocturne : Venice], 1880
Pastel sur papier teinté brun, 20,3 × 30,2 cm
Inscription(s) : signé du monogramme papillon
en bas à droite
Legs Henry Clay Frick, 1915.3.38
HISTORIQUE :
Richard Albert Canfield, Providence, Rhode
Island et New York, 1905 ; vendu à Knoedler
& Co., New York, 12 mars 1914 ; vendu par
Knoedler & Co. à Stephen C. Clark, New York,
1914 ; rendu à Knoedler, 1915 ; acquis par Henry
Clay Frick, New York, 1915 ; légué à la Frick
Collection, 1919.
EXPOSITIONS :
« Venice Pastels », Fine Art Society, Londres, 1881
(cat. 10) ; « Watercolours, Pastels, Drawings in
Black and White, Sculptures and Bronzes by

British and Foreign Artists Including a Selection
of Works by H. B. Brabazon, and a Group
of Works by the Late James McNeill Whistler »,
William Marsant & Co., Goupil Gallery,
Londres, 1903 (cat. 175) ; « Watercolours, Pastels,
Drawings in Black and White, Sculptures and
Bronzes by British and Foreign Artists Including
a Selection of Works by H. B. Brabazon, and
a Group of Works by the Late James McNeill
Whistler », William Marsant & Co., Goupil
Gallery, Londres, 1904 (cat. 27) ; « Œuvres
de James McNeill Whistler », Palais de l'École des
beaux-arts, Paris, 1905 (cat. 154) ; « Paintings in
Oil and Pastel by James A. McNeill Whistler »,
The Metropolitan Museum of Art, New York,
1910 (cat. 24) ; « James McNeill Whistler »,
Albright Art Gallery, Buffalo, 1911 (cat. 17) ;
« Pastels and Drawings by James McNeill
Whistler », Knoedler & Co., New York, 1914
(cat. 19).
BIBLIOGRAPHIE :
MacDonald 1995, p. 299-300, cat. 799 ; Galassi
dans Davidson *et al.* 2013, p. 118-120.
Cat. 49, p. 80

EAUX-FORTES

Première suite vénitienne
[First Venice Set], 1880

HISTORIQUE :
Ernest Dressel North ; acquis par
Henry Clay Frick, par l'intermédiaire de Knoedler
& Co., New York, 1915 ; légué à la Frick
Collection, 1919.
BIBLIOGRAPHIE :
Kennedy 1910, cat. 183 ; 184 (III/V) ; 185 (I/IV),
186 (II/II), 187 (II/III), 188 (IV/VII), 189 (IV/V),
191 (IV/VI), 192 (III/IIIa), 193 (IV/VII), 194
(IV/IX), 195 (V/VI) ; Grieve 2000 ; Galassi dans
New York 2003, p. 262-292.

La Petite Venise [Little Venice]
Eau-forte et pointe sèche sur papier vélin,
18,7 × 26,7 cm
Legs Henry Clay Frick, 1915.3.41
Cat. 51, p. 82

Nocturne
Eau-forte et pointe sèche sur papier vélin,
20,3 × 29,5 cm
Legs Henry Clay Frick, 1915.3.42
Cat. 53, p. 83

Le Petit Mât [The Little Mast]
Eau-forte et pointe sèche sur papier vélin,
26,7 × 18,8 cm
Legs Henry Clay Frick, 1915.3.43
Cat. 57, p. 85

La Petite Lagune [Little Lagoon]
Eau-forte et pointe sèche sur papier vélin,
22,8 × 15,2 cm
Legs Henry Clay Frick, 1915.3.44
Cat. 52, p. 82

Les Palais [The Palaces]
Eau-forte et pointe sèche sur papier vélin,
25,4 × 35,9 cm
Legs Henry Clay Frick, 1915.3.45
Cat. 60, p. 84

Deux porches [Two Doorways]
Eau-forte et pointe sèche sur papier vélin,
20,3 × 29,2 cm
Legs Henry Clay Frick, 1915.3.46
Cat. 59, p. 86

La Piazzetta [The Piazzetta]
Eau-forte et pointe sèche sur papier vélin,
25,4 × 20 cm
Legs Henry Clay Frick, 1915.3.47
Cat. 54, p. 84

Le Traghetto, n° 2 [The Traghetto, No. 2]
Eau-forte et pointe sèche sur papier vélin,
24,1 × 30,5 cm
Legs Henry Clay Frick, 1915.3.48
Cat. 58, p. 86

La Riva, n° 1 [The Riva, No. 1]
Eau-forte et pointe sèche sur papier vélin,
20,2 × 29,5 cm
Legs Henry Clay Frick, 1915.3.49
Cat. 55, p. 84

Le Porche [The Doorway]
Eau-forte et pointe sèche sur papier vélin,
29,2 × 20 cm
Legs Henry Clay Frick, 1915.3.50
Cat. 62, p. 89

Les Mendiants [The Beggars]
Eau-forte et pointe sèche sur papier vélin,
30,3 × 21 cm
Legs Henry Clay Frick, 1915.3.51
Cat. 61, p. 88

Le Mât [The Mast]
Eau-forte et pointe sèche sur papier vélin,
34,3 × 15,2 cm
Legs Henry Clay Frick, 1915.3.52
Cat. 56, p. 85

ŒUVRES DES COLLECTIONS DU MUSÉE D'ORSAY,
PARIS

Tête de vieux fumant une pipe,
dit aussi *L'Homme à la pipe*
[Head of an Old Man Smoking], vers 1859
Huile sur toile, 41 × 33 cm
Inscription(s): signé en bas à droite « Whistler »
INV 20143

HISTORIQUE:
dans la collection Charles Drouet, sculpteur,
jusqu'en 1909 ; accepté par l'État à titre de legs
de Charles Drouet au musée du Luxembourg,
Paris, 1909 ; musée du Luxembourg, Paris,
de 1909 à 1922 ; musée du Louvre, galerie du Jeu
de Paume, Paris, de 1922 à 1925 ; depuis 1983,
musée d'Orsay, Paris.

EXPOSITIONS:
« Œuvres de James McNeill Whistler », Palais de
l'École nationale supérieure des beaux-arts, Paris,
1905 (n° 3: « Tête de vieux fumant une pipe ») ;
« Whistler », Arts Council Gallery, Londres,
The Knoedler Galleries, New York, 1960 (n° 1) ;
« James McNeill Whistler Retrospective »,
National Museum of Modern Art, Kyoto,
Museum of Art, Yokohama, 2014-2015 (n° 2).
BIBLIOGRAPHIE:
McLaren Young, MacDonald et Spencer 1980,
cat. 25.
Cat. 65, p. 97

Variations en violet et vert
[Variations in Violet and Green], 1871
Huile sur toile, 61,5 × 36 cm
Inscription(s): signé du monogramme papillon
et daté « 71 » en réserve sur cartouche dans
la marge verticale à droite
RF 1995 5
HISTORIQUE:
dans la collection Sir Charles Mc Laren, plus
tard Lord Aberconway, 1886 ; collection Paul
Mellon, Pittsburgh ; collection Scott & Fowles,
New York ; dans la collection Macbeth Gallery,
New York, 1950 ; dans la collection Caroline Ryan
Foulke, Floride, 1950 ; dans la collection James
Maroney, New York (acquis à la vente Sotheby's
du 28 mai 1987), 1987 ; vente Sotheby's, New York,
28 mai 1987, n° 3, 1987 ; acquis par les musées
nationaux avec le concours du Fonds national
du patrimoine et la participation de Philippe Meyer,
1995 ; attribué au musée d'Orsay, Paris, 1995.
EXPOSITIONS:
« 5th Winter Exhibition of Cabinet Pictures in Oil »,
Dudley Gallery, Royaume-Uni, Londres, 1871
(n° 225) ; « Memorial Exhibition of the Works
of the Late J. McNeill Whistler », New Gallery,
Londres, 1905 (n° 81) ; « Whistler », Arts Council
Gallery, Londres, The Knoedler Galleries,
New York, 1960 (n° 81) ; « James McNeill
Whistler », Tate Gallery, Londres, musée
d'Orsay, France, Paris, National Gallery of Art,
Washington, 1994-1995 (n° 25) ; « An American
in Londres: Whistler and the Thames »,
Dulwich Picture Gallery, Royaume-Uni, Londres, Addison
Gallery of American Art, Andover, Freer Gallery
of Art, Washington, 2013-2014 (n° 37).
BIBLIOGRAPHIE:
McLaren Young, MacDonald et Spencer 1980,
cat. 104. ; Londres, Paris, Washington 1995,
cat. 25.
Cat. 77, p. 113

Arrangement en gris et noir n° 1:
portrait de la mère de l'artiste
[Arrangement in Grey and Black, No.1:
Portrait of the Painter's Mother], 1871
Huile sur toile, 144,3 × 163 cm
Inscription(s): signé du monogramme papillon
en haut à droite sur la portière
RF 699

HISTORIQUE:
acquis de l'artiste par l'État pour le musée
du Luxembourg, 1891 ; musée du Luxembourg,
Paris, de 1891 à 1922 ; musée du Louvre, galerie
du Jeu de Paume, Paris, de 1922 à 1925 ; musée
du Louvre, Paris, de 1925 à 1986 ; depuis 1986,
musée d'Orsay, Paris.
EXPOSITIONS:
Royal Academy of Arts, Royaume-Uni, Londres,
1872 (n° 941) ; exposition galerie Durand-Ruel,
Paris, janvier 1873 ; « Mr Whistler's Exhibition »,
Flemish Gallery, Londres, 1874 (n° 4) ;
« Special Exhibition of Paintings by American
Artists at Home and in Europe », Pennsylvania
Academy of the Fine Arts, Philadelphie,
1881-1882 (n° 191) ; « 5th Annual Exhibition »,
Society of American Artists, États-Unis,
New York, 1882 (n° 124) ; « Salon de la Société
des artistes français », Paris, 1883 (n° 2441 :
« Portrait de ma mère ») ; « Annual Exhibition
of Sketches, Pictures and Photography », Leinster
Hall, Dublin, 1884 (n° 244) ; « III. Internationale
Kunst-Ausstellung », Munich, 1888 ;
exposition du College for Men and Women,
Royaume-Uni, Londres, 1889 ; « Tentoonstelling
van Kunstwerken van Levende Meesters »,
Amsterdam, 1889 (n° 468) ; « Exhibition
of Works of Modern Artists », Institute of Fine
Arts, Glasgow, 1889 ; « 1st Exhibition, Society
of Portrait Painters », Royal Institute of Painters
in Watercolours, Londres, 1891 (n° 224) ;
« Memorial Exhibition of the Works of the
Late J. McNeill Whistler », The New Gallery,
Londres, 1905 ; « Œuvres de James McNeill
Whistler », Palais de l'École nationale supérieure
des beaux-arts, Paris, 1905 (n° 23) ; « American
Painting and Sculpture, 1862-1932 », Museum
of Modern Art, États-Unis, New York, 1932-
1933 (n° 112) ; « Whistler : Portrait of the Artist's
Mother », Museum of Modern Art, New York,
1934 ; « Whistler's Mother », Toledo Museum
of Art, Toledo, 1964 ; « James McNeill Whistler »,
Tate Gallery, Londres, musée d'Orsay, France,
National Gallery of Art, Washington, 1994-
1995 (n° 60) ; « Tête-à-tête. Masterpieces from
the Musée d'Orsay », Norton Simon Museum,
Pasadena, 2015 ; « Whistler's Mother », prêt
exceptionnel, Sterling and Francine Clark Art
Institute, Williamstown, National Gallery
of Victoria, Melbourne, The Art Institute
of Chicago, Chicago, 2015-2016-2017.
BIBLIOGRAPHIE:
McLaren Young, MacDonald et Spencer 1980,
cat. 101 ; Londres, Paris, Washington 1995,
cat. 60.
Cat. 80 p. 118

Index des noms propres